앞으로 5년, 집을 사고팔 타이밍은 정해져 있다

유튜브 직방TV 〈빅데이터의 신〉 삼토시가 찾아낸

앞으로 5년, 집을 사고팔 타이밍은 정해져 있다

삼토시(강승우) 지음

위즈덤하우스

각자도생의 시대,
나만의 전략을 세우기 위한 최고의 지침서

2000년대 부동산 상승장에서 많은 부동산 전문가가 탄생했습니다. 당시 이름을 날렸던 전문가들은 여럿 있었지만, 2010년 이후 도래한 수도권 부동산 하락장에서 그들 중 대다수가 사라져 사람들의 기억 속에서 잊혔습니다. 시장의 흐름을 제대로 짚지 못한 까닭도 있었지만, 한편으로 그만큼 전문성이 부족했기 때문이 아닐까 싶습니다.

2010년 이후 긴 하락장을 거치고 본격적으로 부동산의 상승세가 다시 시작된 2016년 이후에도 많은 부동산 전문가가 탄생했습니다. 부동산의 여러 분야에서 목소리를 내는 유명 인사들이 드러나기 시작한 것은 2000년대와 비슷합니다. 그러나 그때와 차이점이 있다면, 이번 장에서 등장한 전문가들은 각종 부동산 관련 데이터들과 그 데이터의 해석을 통해 부동산 시장에 대한 의견을 제시하는 전문가들이 주목받기 시작했다는 것입니다.

상승을 주장하는 전문가들도, 하락을 주장하는 전문가들도 저마다 각자의 판단에 대한 이유와 근거를 제시합니다.

이들의 주장이 옳을지 옳지 않을지는 시간이 지나면 증명될 부분이지만, 그러나 그러한 주장 가운데서 왜 오를 것이라 판단했는지 왜 떨어질 것이라 판단했는지 그 이유와 근거를 살피는 것은 의미 있는 일입니다.

이번에 앞서 세 권의 책을 통해 서울과 수도권 부동산 시장의 변화에 대한 놀라운 통찰을 보여주었던 삼토시 저자의 새 책의 추천사를 부탁받아 다른 분들보다 조금 먼저 책을 읽어볼 수 있게 되었습니다.

이번 책에서 삼토시 저자는 수요와 공급, 매매가와 전세가 흐름, 주택구입부담지수, 유동성 지표 등 다양한 부동산 관련 지표들을 토대로 과거 부동산 시장을 복기하고 앞으로 도래할 서울과 수도권 부동산 시장의 흐름에 대한 의견을 제시합니다.

2021년, 2022년 서울의 부동산 시장이 맞닥뜨릴 상황에 대해 빅데이터들은 어떻게 말하고 있는지 상세히 설명하며, 그 이후 도래할 수년 후의 변화에 대해서도 주목해야 할 포인트들을 짚어줍니다.

그리고 이번 책에서는 서울과 수도권 외에 6대 광역시 또한 비중을 두어, "만약 서울이 아니라 지방에 관심을 둔다면 어디에?"라는 질문에도 저자가 고민하고 연구한 나름의 결론을 제시하고 있습니다.

워낙 많은 부동산 규제들이 시장에 적용되면서, 시장 참여자들 각자가 저마다의 상황에 맞춰 대응해야 하는 상황입니다. 지금을 '각자도생의 시대'라고들 흔히 칭하는 이유입니다. 각자도생의 시대에서 살아남는 방법은 똑똑하고 현명한 전문가 한 명의 말을 전적으로 믿고 따르고 의지하는 것이 아니라, 여러 전문가들의 의견 속에서 내가 필요한 부분을 취하고 스스로 플랜 A, 플랜 B, 플랜 C를 준비해서 계속 대비하는 것밖에 없습니다.

저는 이 책에서 삼토시 저자가 제시한 2030년까지의 여러 부동산 관련 이슈들을 토대로, 또 제 나름대로 생각을 바탕으로 플랜 A, B, C를 준비하려 합니다. 이 책이 미래를 읽어내는 데 도움이 되었으면 좋겠습니다.

붇옹산(강영훈)

서울 상승장의
후반부를 맞이하는 자세

    우리는 코로나19에 지배적인 영향을 받으며 살고 있다. 기원전과 기원후를 일컫던 B.C와 A.D는 우리의 삶을 송두리째 바꿔놓은 코로나로 인해 B.C(Before Corona, 코로나 이전)와 A.C(After Corona, 코로나 이후)로 재정의해야 한다는 이야기까지 나오고 있을 정도다. 그만큼 코로나19는 우리의 일상에 많은 변화를 불러왔다. 소위 말하는 언택트(Untact, 비대면) 시대가 열린 셈이다. 그렇다면 언택트 시대가 부동산에 미치는 영향에는 어떤 것들이 있을까?

    사람들이 대면을 꺼리게 되면서 배달 시장이 급성장했다. 많은 이들이 대형마트보다 온라인 쇼핑을 즐기게 되었다. 이로 인해 오프라인 상권은 위축되었고 자연스레 수익형 부동산인 상가의 인기는 떨어졌다. 반면, 상대적으로 인기가 오를 수밖에 없는 곳이 있었다. 바로 '집'이다.

    재택근무와 온라인 교육 활성화 등으로 집에 머무르는 시간이 굉장히 길어졌다. 집이라는 공간은 '퇴근 후 휴식을 취하는 곳'에서 '취미와 운동을 즐길

뿐만 아니라 일하는 공간'으로 인식과 가치가 바뀌고 있다. 이에 발맞추듯 〈구해줘 홈즈〉를 시작으로 집과 관련된 TV 프로그램이 우후죽순처럼 늘어나기 시작했다. 집에 대해 높아진 관심을 바탕으로, 넘치는 유동성이 상업용 부동산에서 주거용 부동산으로 몰릴 가능성이 커졌다.

이런 상황 속에서 서울 부동산 상승은 KB부동산에서 관련 통계를 집계한 이래 최장기간을 갱신 중이다(2014년부터 지금까지). 바꿔 말하면 우리는 한 번도 걸어보지 않은 길을 현재 걷고 있다는 의미다. 따라서 중장기 정점을 향해 가고 있는 만큼 전망에 대해 신중하고 면밀한 접근이 필요하다. 그렇다면 어떤 부분에 대한 신중한 접근이 필요할까?

첫째, '서울 부동산이 언제 이 중장기 상승장을 마무리할 것인가'다. 이것이 중요한 이유는 지금이라도 서울 부동산에 들어가야 하는지 판단하기 위해서다. 특히 실제 거주하지 않으면 매도 시 거액의 양도세를 내야 하는 현재의 규제를 고려했을 때 앞으로의 서울 부동산 진입은 더욱 신중한 접근이 필요하다.

둘째, '중장기 상승장이 마무리되면 우리는 어떤 행동을 취해야 하는가'다. 크게 두 가지 방향으로 나눌 수 있다. 주식 등 다른 재테크에 뛰어들거나 서울 부동산이 다시 저점에 올 때까지 기다리는 것이다.

그러나 주식에 투자하기에는 개미들의 승률이 낮다는 위험이 있고, 부동산의 저점을 기다리기에는 거액의 돈을 낮은 금리로 은행에 둬야 하는 단점이 있다.

그런데 여기 또 하나의 선택지가 있다. 바로 서울 외 부동산에 투자하는 것이다. 그리고 서울이 아닌 다른 선택지 중에 과연 어디가 좋을지 알아보는 것이 다음 단계다.

셋째, '서울에 살고 싶은 사람들에게 다시 기회는 올 것인가'다. 이번 상승장에 올라타지 못했던 사람들에게는 매우 뼈아픈 것이 지금의 서울 부동산 시장이다. 이제는 너무 올라버려 서울로의 진입이 매우 어려워졌기 때문이다. 상승장의 혜택을 충분히 누린 사람과 누리지 못한 사람 모두에게 세 번째 접근은 초미의 관심사다. 그렇다면 다시 기회는 올까?

나는 앞서 언급한 세 가지 궁금증을 해소하기 위해 이 책을 썼다. 결론부터 말하면 이번 상승장에 올라타지 못한 사람에게도 앞으로 기회는 분명 있다. 그러나 기회는 준비하는 자만의 것이다. 여러 가능성을 염두에 두고 준비하지 않는다면 같은 실수를 반복할 수 있다. 어떠한 대비나 고민도 없이 마냥 아파트 가격이 오르거나 떨어지기만을 바라는 태도는 매우 위험하다. 현실을 직시하고 지금의 상황에서 가장 좋은 선택지를 골라야만 한다. 지금 상황에서 덜 오른 곳을 분석하고 규제의 틈새를 찾아내는 작업이 부자가 되는 기회를 잡을 수 있도록 도와줄 것이다.

인구가 증가하고 경제가 급속히 성장하던 시대에는 전국 대부분의 부동산 가격이 올랐다. 그러나 이제 시대가 바뀌었다. 그런 시대는 다시 오지 않는다. "10년 전에 그 아파트를 샀어야 했는데"와 같은 후회는 내 주머니를 불려주지 않는다. 경제성장률은 둔화하고 인구 역시 감소하는 '수축의 시대'가 시작되었다. 앞으로 '되는 지역'과 '안 되는 지역' 간의 양극화는 더욱 심해질 것이다.

이러한 현상을 더욱 촉진하고 있는 것이 바로 저금리의 심화와 고착화다. 은행에서 저리로 돈을 빌려 저렴하게 주택을 산 사람과 그렇게 하지 않은 사람의 자산 차이가 얼마나 벌어졌는지는 새삼 다시 설명할 필요도 없다.

전세 시장도 마찬가지다. 과거보다 훨씬 낮은 이자율의 전세자금대출로 인해 전세값 역시 고공 행진을 거듭하고 있다. 이것이 다시 매매가를 끌어올려 집값 상승의 원인이 되었다.

그렇다면 저금리 시대가 끝나긴 할까? 앞으로 저금리가 고착될 가능성은 매우 크다. 저금리를 바탕으로 한 풍부한 유동성은 코로나19 확산 이후 폭락하던 주가를 단번에 회복시킨 동학개미운동에서 이미 그 위력이 입증되었다.

게다가 현 정부 출범 이래 '다주택자에 대한 규제 강화'로 일관된 부동산 규제는 다주택자의 장점을 크게 줄이고 있다. 그리고 이는 똑똑한 한 채의 중요성을 배가시킨다. 현 집권 여당의 21대 총선 승리에 따른 정책 지속으로 앞으로 이러한 현상은 더욱 가속화될 것이다.

1주택자 입장에서 부동산으로 재산을 늘리려면 앞으로 어떻게 해야 할까? 너무나 당연한 답이지만 저렴할 때 사서 비쌀 때 팔아야 한다. 이에 더해 '되는 지역'과 '안 되는 지역'을 잘 구분해야 한다. 물론 말이야 쉽다. 사고팔 타이밍을 찾는다는 것은 쉽지 않은 일이다. 그러나 분석하기 어렵다고 해서 '실거주자는 아무 때나 사도 된다'는 생각은 무책임하다.

저렴할 때 사서 비쌀 때 팔기 위해 나는 최대한 많은 데이터를 수집해 지금 시점에서 판단할 수 있는 '집을 사고팔 타이밍'을 찾아냈다. 서울 부동산의 중장기 전망을 분석하면서 고점을 예측하고 서울 이후 찾아올 유망한 지역도 다양한 분석 도구로 찾았는데, 특히 향후 5년은 부동산 시장 참여자들에게 매우 중요한 변곡점이 될 시기라고 보았다. 물론 앞으로의 시장을 예측하는 데 완벽한 전망이란 있을 수 없다. 사람의 영역이 아니라고 생각해서 또는 데이터가 너무 어려워서 전망을 포기하는 사람들도 있을 수 있다. 그러나 집을 사는 건 인생에 있어 아주 중요한 결정 중 하나다. 심지어 그 어떤 선택보다 많은 돈이 들어가는 결정이다. 이 책에서 근거로 삼는 각종 데이터는 전망의 정확도를 높여줄 뿐만 아니라 우리가 합리적인 결정을 내릴 수 있도록 도와줄 것이다.

차례

1부
앞으로 5년, 부자 되는 투자 타이밍

2부
돈 되는 아파트 투자 지도 115곳

앞으로 5년, 부자 되는 투자 타이밍

1장

부동산 투자의
최종 목표

"부동산은 곧 입지"라는 말이 있다. 이는 앞으로도 변함없는 진리다. 같은 시기에 같은 가격대의 아파트를 샀다 하더라도 어디에 위치하나에 따라 그 결과는 천차만별이다. 부동산 투자의 최종 목적지는 서울이다. 우리는 과거의 경험을 통해 이러한 사실을 누구보다도 잘 알고 있다.

서울로의 쏠림 현상은 이미 오래전부터 시작되었다. 인기리에 방영되었던 〈응답하라 1988〉 드라마에서 극중 배우가 아들이 받은 바둑대회 우승 상금으로 은마아파트를 살지 말지 고민하는 장면이 있다. 1998년 말 은마아파트 30평대 시세는 1억 9,000만 원 수준이었다. 그리고 비슷한 시기 광장 극동아파트가 1억 9,000만 원, 분당 삼성한신 아파트가 2억 원, 과천 주공10단지가 3억 2,000만 원 수준이었다. 그런데 지금 가격은 어떻게 되었을까?

2020년 10월 KB부동산 기준으로 은마는 23억 원, 광장 극동은 13억

8,000만 원, 분당 삼성한신은 12억 2,000만 원, 과천 주공10단지가 17억 5,000만 원이다. 22년 만에 은마, 극동, 삼성한신, 과천 주공10단지의 가격은 이렇게나 크게 달라졌다. 1998년에 비슷한 가격이었던 은마와 극동은 20년이 넘게 지난 현재 9억 2,000만 원 정도 차이가 난다.

너무 먼 과거라면 좀 더 비교 시기를 당겨보자. 2008년 4분기 34평 실거래가 평균을 뽑아보면 과천 래미안 슈르는 6억 6,000만 원이었으며 잠실 리센츠는 8억 8,000만 원이었다. 그러나 2020년 3분기 기준으로 과천 래미안 슈르는 14억 6,000만 원, 잠실 리센츠는 22억 3,000만 원이 되었다. 2008년 4분기에 래미안 슈르와 리센츠를 구입한 A와 B의 자산 차이는 2억 2,000만 원이었으나 2020년 3분기에는 7억 7,000만 원으로 벌어진 셈이다. 자산 차이 폭이 무려 3.5배로 늘어났다.

이는 어떤 입지의 부동산을 선택하는지가 얼마나 큰 차이를 불러오는지를 보여준다. "순간의 선택이 평생을 좌우한다"는 말처럼 어느 지역을 샀느냐에 따라 수억 원이 오간다. 그리고 서울 안에서도 핵심지와 비핵심지의 차이를 갈수록 벌리는 양극화는 이미 과거부터 시작되었다. 물론 서울로의 입성은 과거 어느 때보다도 어려워졌다. 차근차근 서울로의 입성을 꿈꾸는 사람들에게 각종 규제는 쓰라린 아픔을 안겨준다. 그러나 서울 입성을 절대 포기해서는 안 된다. 과거의 뼈아픈 경험을 되새겨보자. 우리의 최종 목적지는 반드시 서울이어야만 한다.

수축의 시대에서 더 심해지는 양극화

대한민국 수도이자 정치, 경제의 중심지 서울. 앞서 들어가며에서 언급했

도쿄 및 도쿄 인근 도시 매매 시세 추이

• 2000년 1월 매매 시세=100   •• 출처 : 일본부동산연구소

듯, 우리나라는 사상 최초로 수축의 시대에 접어들었다. 성장의 시대에는 모든 것이 함께 성장하고 발전했다. 어느 지역을 사도 실패할 확률은 지극히 낮았다. 장기적으로 봤을 때 우상향했으니 말이다. 그러나 수축의 시대에는 다르다. 양극화의 흐름은 더욱 가속화될 것이다. 그리고 우리는 이미 그 사례를 가까운 일본에서 보고 있다.

위 그래프는 일본부동산연구소에서 발췌한 데이터를 바탕으로 도쿄 및 도쿄 인근 도시들의 2000년 1월 매매 시세를 100으로 전제하고 2020년 7월까지 매매 시세 추이를 그린 것이다. 이 그래프만으로도 이미 많은 정보를 얻을 수 있다. 자세히 살펴보면 다음과 같다.

첫째, 하락장에서는 도쿄와 수도권 도시 모두 비슷한 하락률을 보인다. 하락장에서 모든 지역이 함께 떨어지면서 양극화의 흐름이 나타나지 않는다. 이는 서울도 마찬가지다. 과거 하락장에서 큰 폭의 조정을 겪었던 모습과 일치한다.

둘째, 상승장에서는 도쿄와 수도권 도시의 상승률 격차가 발생하고 있다. 도쿄가 확실히 더 치고 올라가는 모습이다. 특히 도쿄와 수도권 사이의 간격이 벌어지기 시작한 지점, 즉 그래프에서 화살표가 가리키는 지점을 눈여겨볼 필요가 있다. 과연 화살표가 가리키는 지점인 2005년에는 무슨 일이 있었던 걸까?

2005년은 일본에서 최초로 인구가 감소한 시점이다. 다시 말해 2005년은 일본이 수축의 시대로 진입하기 시작한 해다. 그리고 2006년부터 2008년까지 인구가 소폭 증가했다가 2011년부터 본격적인 인구 감소가 시작된다. 2013년 이후 상승장에 돌입하자 도쿄는 인근 도시와 비교했을 때 확연한 상승세를 보인다. 그렇다면 왜 수축의 시대로 접어들면 핵심지와 비핵심지 사이의 양극화가 더욱 심해지는 것일까?

"수축의 시대로 접어들자,
핵심지와 비핵심지의 차이는 더욱 벌어지기 시작했다."

핵심지만 살아남는다

한 국가의 상황을 저수지에 비유해보자. 저수지에는 많은 물고기가 살고 있다. 저수지를 국가로 치면, 물고기는 국민이라 할 수 있다. 그런 저수지에 가뭄이 닥쳤다. 현실 세계로 치면 인구 감소 상황인 것이다. 저수지는 자연스레 가장자리(비핵심지)부터 말라붙는다. 그리고 가장자리에 머물던 물고기 중 일부는 미처 피하지 못한 채 웅덩이에 갇혀 죽는다. 그러한 모습을 지켜본 다른 물고기는 어떤 행동을 취할까? 당연히 안전한 곳, 즉 수심이 깊은 저수지 중앙(핵심지)

으로 몰려갈 것이다. 가뭄이 닥치면(인구가 줄어들면) 가장자리(비핵심지)의 물고기는 주거 환경의 악화로 더욱 줄어들고, 저수지 중앙(핵심지)의 물고기는 늘어날 수밖에 없다.

또 다른 사례를 들어보자. 내가 사는 아파트 단지 주차장에는 평소 차량으로 가득 차 있다. 비유하자면 인구가 아주 많은 나라. 그런데 설날이나 추석과 같은 명절이 되면 사람들이 귀향길에 올라 단지 주차장도 한적해진다. 내가 주차하고 싶은 곳은 내가 사는 동의 엘리베이터 바로 앞자리다. 그러나 그 자리만큼은 명절날 자동차가 줄어든 상황에서도 빼곡히 가득 차 있다. 이것은 무엇을 의미할까? 인구가 줄어들수록 핵심지와 비핵심지 간의 격차는 벌어질 수밖에 없음을 뜻한다. 그러니까 앞으로 되는 지역만 된다는 이야기다.

일본의 정치인 마스다 히로야는 2014년 《지방 소멸》이라는 책에서 향후 30년 이내에 "대도시만 생존하는 사회가 올 것이다"라고 예측했다. 일본은 2011년부터 순 인구가 본격적인 감소세로 돌아섰으며 인구 감소 속도가 도쿄보다 지방에서 더욱 빠르다. 이 추세가 계속될 경우, 2040년에는 20~39세 여성 인구가 절반 이상 줄어드는 일본 지자체가 무려 896개(전체의 49.8%)에 이르러 그 지역은 유지될 수 없다는 강력한 메시지를 전달했다.

사실 이러한 징후는 이미 우리나라에서도 보인다. 2019년 3월 청와대 회의실에서 종이 한 장을 받아든 문재인 대통령의 입에서 한숨이 나왔다. 저출산고령사회위원회 보고 자료에 따르면, 2050년의 대한민국은 90세 인구가 30세 인구를 웃도는 것으로 나타난다. 90세 인구가 30세 인구보다 많은 사회가 그 기능을 정상적으로 수행할 수 있을까? 그런데 2050년의 미래가 이미 현실이 된 곳이 있다. 바로 경상북도 의성, 영덕군이다. 이 지역의 노인 인구

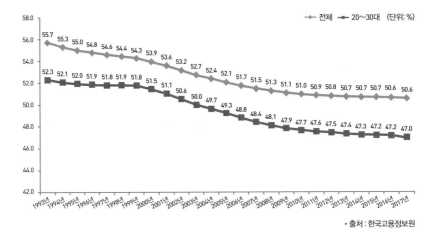

수도권 대비 비수도권의 상대 인구 비중 변화 추이

- 전체 - 20~30대 (단위: %)

• 출처 : 한국고용정보원

비율은 각각 39%와 35%로 2050년 우리나라와 비슷하다. 이 지역에서는 교
육과 의료 인프라가 부실해져 폐교된 학교와 폐원된 병원이 속출하고 있다.

연봉 2억 원 이상을 제시해도 지방 근무를 하지 않으려고 해 지방에 의사가
부족하다는 기사가 어제오늘 일이 아니듯, 지방의 의료 인프라는 점점 악화되
고 있다. 이는 젊은 세대뿐 아니라 고령층 역시 수도권을 선호하게 만드는 원
인이다.

그 실례로 우리나라에서 수도권 대비 비(非)수도권에 거주하는 인구 비중은
1993년 55.7%에서 2017년 50.6%에 이어 2019년 50%까지 하락했다. 특
히 비(非)수도권의 청년(20~30대) 인구 비중은 2004년 50% 이하로 떨어진 이
후 2017년 47%를 기록했다.

한국고용정보원의《한국의 지방 소멸》보고서에 따르면 지방소멸위험지수
가 1.0 이하로 하락하는 경우 그 공동체는 인구학적으로 쇠퇴위험 단계에 진

입하게 되었음을 뜻하고, 지수가 0.5 이하일 경우 소멸위험이 크다는 것을 의미한다고 한다. 그런데 우리나라의 모든 도 지역이 소멸위험지수가 1.0 미만인 '소멸주의 단계'에 진입했다. 그리고 전국 228개 시군구 중 소멸위험 지역은 2013년 75개였는데 2017년 7월 85개, 2018년 6월 89개, 2019년 10월 97개에 이어 2020년 5월 105개로 급속도로 늘고 있어 지방 소멸이 점차 빠른 속도로 진행되고 있음을 알 수 있다.

이미 인구 감소가 시작돼 수축의 시대로 접어든 우리나라 상황을 고려하면 부동산에서도 핵심지로의 접근은 시급한 과제다. 물론 우리나라에서 핵심지가 어디인지는 더 설명할 필요가 없을 것 같다.

"이미 인구 감소가 시작된 대한민국, 핵심지 접근은 이제 생존의 문제다."

서울 아파트가 더 부족해진다

서울 아파트 공급에 대해 정부와 기관의 의견이 서로 다르다. 정부는 서울의 공급이 부족하지 않다는 의견이고, 기관은 그 반대다. 누구의 말이 맞는 걸까? 가능성이 큰 예상 시나리오는 다음과 같다.

2021~2022년에는 공급이 부족하고, 2023~2024년에는 공급이 과다하다. 덧붙여 설명하기 위해 다음 페이지에 있는 그래프를 살펴보자.

서울 아파트 연도별 인허가 물량을 보여주는 그래프다. 2017년에 역대급 물량인 7만 4,984호가 인허가되었다. 또한 2017년 말까지 관리처분인가를 신청한 재건축 단지에 대해 재건축 초과이익 환수제를 적용하지 않기로 했다. 이 때문에 각 재건축 조합은 사업 속도를 급격히 올리고자 노력했고 이는 대

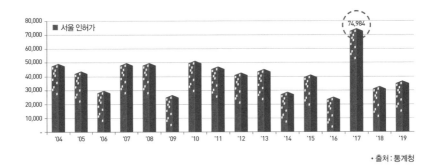

• 출처 : 통계청

규모 인허가로 이어졌다.

2017년 인허가 물량 7만 4,984호의 귀추가 주목되는데 이 물량의 상당수는 2022년에 입주할 예정이었으나 일정 지연으로 인해 2023~2024년으로 대부분의 입주가 미뤄졌다. 따라서 2023~2024년 상당한 물량 부담이 예상된다.

2023~2024년 이후를 주목할 필요가 있다. 각종 재건축·재개발 규제, 그 안에서도 가장 강력한 재건축 초과이익 환수제 때문이다. 재건축 초과이익 환수제란 재건축으로 조합원이 얻은 이익이 인근 집값 상승분과 비용 등을 빼고 1인당 평균 3,000만 원이 넘는 경우 초과 금액의 최고 50%를 부담금으로 환수하는 제도다. 재건축을 통해 조합원에게 발생하는 이득이 일정 금액을 초과할 경우, 일정 부분을 국가가 가져가겠다는 것인데 문제는 아직 이익을 얻지 않았음에도 큰 금액을 국가에 내야 한다는 점이다.

재건축 초과이익 환수제 대상 단지 조합원 A는 실제 손에 쥔 돈이 없음에도 불구하고 입주 후 1년도 되지 않는 기한 내(준공인가 후 4개월 이내 초과이익 환수금

부과, 부과일 이후 6개월 이내 납부)에 많게는 수억 원에 달하는 부담금을 내야 한다. 실제 국토교통부에 따르면, 강남 다섯 개 단지의 재건축 초과이익 환수금을 시뮬레이션해본 결과, 1인당 평균 4억 4,000만 원에서 5억 5,000만 원의 부담금을 내야 하는 것으로 나타났다. 이 금액이 실제로 징수된다면 재건축 사업을 진행할 수 있는 단지는 이제 없을 것이다. 집을 팔지 않았음에도 불구하고 과세를 부과하는 것에 대해 위헌 시비가 일었으나 2019년 12월 27일 헌법재판소가 합헌 결정을 내림으로써 논란도 불식되었다. 따라서 2017년 말까지 관리처분인가를 신청하지 못해 재건축 초과이익 환수제 대상이 된 재건축 단지들은 어느 정도 사업에 진척을 보였지만, 앞으로는 상당수가 사업 속도를 늦추거나 사업을 멈출 수밖에 없다.

분양가 상한제도 재건축 단지들에는 강력한 규제책이다. 재건축은 기본적으로 조합원들의 추가분담금 및 일반분양 수익금으로 구축을 허물고 신축으로 거듭나는 사업이다. 분양가 상한제 시행으로 일반분양 수익금이 줄어들면 조합원들의 추가분담금은 늘어날 수밖에 없다. 늘어난 추가분담금에 부담을 느낀 조합원들이 많아지면 결국 사업 추진은 힘들다.

재개발 역시 2019년 6월 도시 및 주거환경 정비법 시행령 발표를 통해 임대주택 공급비율 상한이 올라감으로써 수익성이 떨어질 위기에 처했다. 기존 서울의 10~15%, 경기와 인천의 5~15%였던 임대주택 공급비율 상한선이 20%로 상향되고 서울의 경우 최대 30%까지 그 비중을 올릴 수 있도록 시행령을 개정했다. 재개발 사업의 수익성 감소가 불가피해진 셈이다.

이러한 일련의 규제들이 재건축·재개발 사업 진행을 어렵게 만든다. 2017년 역대급 인허가 물량의 2023~2024년 입주 이후, 공급 물량은 상당히 줄어들 것이다. 게다가 재건축 초기 단지들의 경우 6.17 대책으로 안전진단 기준이 강화되었고 실거주 2년 요건이 추가되어 사업 진행에 상당한 시간이 필요할 것으로 보인다. 따라서 2025년 이후 서울 아파트는 다른 지역보다 공급이 부족해지며 이는 서울 부동산의 가치를 더욱 높여줄 것이다.

"2023~2024년을 제외하고는 서울의 공급 부족은 심화될 전망이다."

서울보다 경기에 더 악재인 3기 신도시

반면, 서울을 둘러싼 경기도는 어떨까? 경기도는 택지로 활용할 만한 부지가 아직 충분한 상태이므로 서울과 비교했을 때 추가 공급 여력이 큰 곳이다. 당연히 서울보다 물량 부담이 크다고 해석할 수 있다. 그런 의미에서 경기도 아파트 연도별 착공 물량을 알아보자.

다음 페이지에 있는 그래프는 경기도 아파트 연도별 착공 물량을 나타낸 것이다. 2015년 19만 호 착공으로 정점을 찍은 후 감소 추세이긴 하나 그 이후에도 여전히 연평균 12만 호 이상의 착공 물량을 기록하고 있다. 2011~2014년 연평균 착공 물량 7만 4,000여 호와 비교했을 때 두 배 가깝게 착공했을 뿐 아니라 서울과 비교해도 두 배 이상 착공했다. 서울과 비교했을 때 경기의 단기적인 물량 부담이 작지 않은 셈이다. 그렇다면 인허가 물량은 어떨까?

경기도 아파트 연도별 인허가 물량을 보자(28페이지). 착공 물량과 마찬가지로 2015년 20만 8,000여 호 인허가로 정점을 찍은 후 감소 추세이나 2017~2019년에도 연평균 13만 호 내외의 인허가를 기록해 적지 않은 물량이다. 과거와 비교했을 때도 많은 수준인데 2018~2019년 서울과 비교하면

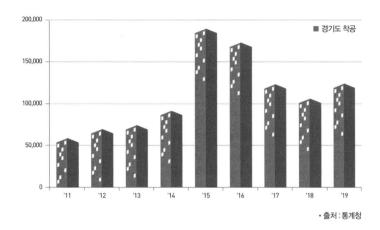

• 출처 : 통계청

세배 이상인 수준이다. 경기도의 물량 부담은 절대 작지 않다.

　여기에 3기 신도시가 더해진다. 뒤에 구체적으로 나오겠지만 3기 신도시는 서울 부동산에 하방 압력을 가할 요소다. 그러나 이와 동시에 경기 부동산에 더한 제약을 줄 수 있다.

　서울 아파트의 가격대가 경기 아파트의 천장 역할을 했기 때문에 서울 아파트가 오르면 경기 아파트의 천장이 높아지면서 갭을 메우며 올라갈 공간이 벌어졌으나, 서울 아파트와 경기 아파트 사이에 3기 신도시라는 새로운 천장(그러나 서울보다 낮은 천장)이 생기면 서울 아파트가 상승하더라도 경기 아파트의 상승에는 제약이 생길 수밖에 없다. 게다가 3기 신도시는 모두 서울이 아닌 경기도에 위치한다. 해당 지역에 사는 사람이 청약 1순위 자격을 갖는다는 점을 고려했을 때 서울보다 경기도의 주거 수요 분산에 더 큰 영향을 미칠 것이다. 이러나저러나 지금까지도 그리고 앞으로도 서울보다는 경기

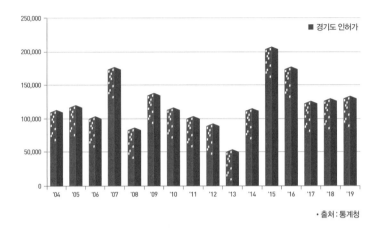

• 출처 : 통계청

의 물량 부담이 더 크며 이는 서울의 상대적 우위를 더욱 견고하게 만든다.

"서울보다도 큰 경기의 물량 부담은 서울의 상대적 우위를 부각시킨다."

8.2 대책의 부메랑

현재의 부동산 상황은 2017년 8월 2일 발표된 부동산 대책(8.2 대책)이 큰 영향을 미쳤다. 이해를 돕기 위해 우선 8.2 대책에 대해 자세히 설명하고자 한다. 8.2 대책의 큰 골자는 ① 2018년 4월부터 다주택자 양도소득세 중과 ② 1가구 1주택 양도세 비과세 2년 거주 요건 추가 ③ 재건축, 재개발 조합원 지위 양도 조건 강화 등이다.

8.2 대책은 시장에 어떤 영향을 미쳤을까? 1주택자들이 다시 무주택자로

돌아가는 결정을 내리기란 쉽지 않다고 볼 때 하락장으로 전환될 만한 매물은 다주택자들로부터 나와야 한다. 그러나 2018년 4월 이후 다주택자 양도세를 중과시킴으로써 다주택자들의 매물이 나올 수 있는 통로를 막아버린 꼴이 되었다. 이에 다주택자들의 세금 부담은 크게 늘었는데 이를 우회할 수 있는 길을 열어놓았으니 바로 주택임대사업자 등록이다.

주택임대사업자는 양도세, 재산세, 종부세 등에서 각종 세금 감면 혜택을 받을 수 있어 많은 다주택자가 주택임대사업을 등록했다. 이는 길게는 8년간 매물 잠김 현상을 초래했다. 뿐만 아니라 1가구 1주택자에게도 양도세 비과세를 위한 2년 거주 요건을 추가함으로써 양도 차익이 가장 큰 서울로 주거 수요를 집중시켰다. 게다가 재건축, 재개발 조합원 지위 양도 조건을 까다롭게 만들어 조합원의 매도 물량도 나오기 힘들어졌다.

이 세 가지 영향의 공통점은 무엇일까? 바로 매물 감소다. 양도세 중과로 다주택자들의 매물이 나오기 힘들어졌고, 다주택자들이 주택임대사업자에 대거 등록함으로써 등록 주택이 4~8년간 매물로 나올 수 없게 되었다. 1가구 1주택자들이 향후 양도세 비과세 또는 절세를 노리기 위해 서울로 주거지를 옮기는 상황이 발생한 데다 재건축, 재개발 조합원 매물도 나오기 어려워져 서울의 매물은 크게 줄었다.

이는 곧바로 KB부동산 기준 2018년 3분기 +5.6% 폭등이라는 결과로 나타난다. 참고로 +5.6%라는 분기 상승률은 2006년 4분기 +12.6% 이후 12년 만의 최대 상승률이다. 그리고 8.2 대책에서 비롯된 서울의 매물 감소 현상은 아직도 서울의 상승을 지탱하는 근간이 되고 있다. 서울 집값이 이렇게 오른 데는 규제의 부작용이 큰 몫을 차지하고 있는 셈이다.

"8.2 대책으로 초래된 서울의 매물 급감은 아직도 상승의 근간이 되고 있다."

6.17, 7.10 대책의 여파, 다시 시작되는 양극화

2020년 6월 17일 발표된 주택시장 안정을 위한 관리 방안과 7월 10일 발표된 주택시장 안정 보완대책을 총칭해서 이 책에서는 6.17 대책과 7.10 대책으로 부르겠다. 결론적으로 6.17 대책과 7.10 대책은 서울의 위상을 다시 확인하는 계기가 되었다. 서울과 기타 지역의 괴리는 다시 벌어질 것이다. 그 이유는 크게 세 가지다. 첫째는 풍선 효과 차단, 둘째는 법인 규제 강화, 마지막으로 세금 규제 강화 때문이다.

첫째, 풍선 효과 차단.

6.17 대책의 가장 큰 특징 중 하나는 바로 수도권 대부분을 규제 지역에 편입시켰다는 점이다. 서울은 물론 수도권 대부분의 지역이 같은 규제를 받게 되면서 풍선 효과를 차단시켰다. 문제는 현재의 유동성이 사상 최고 수준이라는 것이다. 서울과 기타 지역이 그동안 규제 강도 차이로 기울어진 운동장에서 있었다면 이제는 모두 같은 규제를 받게 되면서 운동장은 다시 평평해졌다. 빠져나갈 구멍이 막힌 유동성이 같은 규제를 받은 지역 중 입지에서 가장 앞서는 서울로 다시 향할 가능성은 매우 커졌다.

둘째, 법인 규제 강화.

6.17 대책과 7.10 대책에 반영된 법인 규제 강화는 사실상 조세 회피성 거래에 대한 징벌적 성격이 녹아 있어 그 강도가 대단히 세다. 모든 지역의 매매, 임대사업자 주택담보대출을 막았을 뿐 아니라 법인 보유 주택에 종부세 최고 세율 6%를 일괄 적용하고 6억 원 공제마저 없앴다.

만약 공시가격 합계 10억 원 주택을 갖고 있다면 원래는 6억 원 공제를 받은 뒤 나머지 4억에 대해 종부세가 부과되었으나 앞으로는 10억 원 전체에 대해 최고 세율 6%로 종부세가 부과된다. 2021년부터 공시가격 합계 10억 원 주택을 보유한 법인은 연 6,000만 원의 종부세를 부담해야 한다.

한술 더 떠 2021년 1월 1일부터 법인 주택 양도세율을 +10% 추가 인상하겠다고 밝힘으로써 2020년 안에 법인 보유 주택을 매도하라는 강력한 신호를 보낸 셈이다. 종부세 부담을 견디지 못할 법인이 많다고 본다면 생각보다 많은 매물이 시장에 풀릴 것이다.

그렇다면 이것이 왜 서울과 다른 지역의 괴리를 다시 확대하는 요인이 될까? 바로 전체 거래에서 법인이 차지하는 비중에 해답이 있다.

다음 페이지의 표는 2019년 5월부터 2020년 4월까지 아파트 거래 건 중에서 법인이 개인에게서 매수한 비중을 지역별로 추려본 것이다. 법인이 종부세 부담을 줄이고자 매물을 대거 출회할 가능성이 크다고 본다면 법인 매수 비중이 높았던 지역들을 조심해야 한다.

서울은 주요 시도 중 법인 매수 비중(1.8%)이 가장 낮았다. 따라서 법인발 대규모 매물 출회에 따른 하락 가능성에서 가장 자유롭다고 볼 수 있다. 6.17 대책과 7.10 대책으로 인해 서울과 기타 지역의 괴리가 다시 벌어질 것이라고 보는 이유가 여기에 있다.

셋째, 세금 규제 강화.

7.10 대책의 가장 큰 특징 중 하나는 다주택자들이 부담할 종부세와 취득세가 대폭 강화된 점이다. 다주택자(3주택 이상 또는 조정대상지역 2주택 이상) 대상 종부세가 사실상 두 배 수준으로 대폭 올랐다. 주택임대사업자 등록을 하지 않은 물량 중에서 종부세 상향 조정을 견디지 못해 시장에 나올 매물이 분명

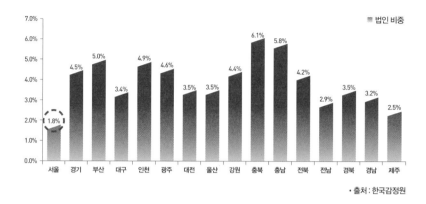

• 출처 : 한국감정원

있을 것이다. 문제는 다주택자들이 어떤 주택을 처분하느냐다. 그 해답은 그간 서울 아파트를 지키고 지방 아파트를 매도한 고위 공직자들의 모습에서 찾을 수 있다.

취득세율 인상도 엄청나다. 그동안 2주택자, 3주택자는 주택 가액의 1~3%, 4주택 이상자는 4%를 취득세로 냈는데 이를 2주택은 8%, 3주택 이상은 12%로 대폭 올렸다. 다주택자들이 추가로 주택을 구입하는 것이 대단히 어려워졌다. 그런데 서울은 2018년부터 이미 다주택자들이 감소하거나 증가세를 멈췄다.

2016년부터 2019년까지 서울의 주택 보유 가구 수 증감 추이를 표로 그려보았다. 1주택이 줄어들고 2주택 이상이 늘어난 2016년은 다주택자들이 주도한 시장이었다. 2017년 1주택자가 늘어나기 시작하더니 2018년에는 다주택자가 감소하고 1주택자가 크게 늘었다. 이는 무엇을 의미할까?

서울 부동산 시장은 각종 규제로 인해 주택 수를 늘리기 어려워졌다. 즉, 투

	1주택	2주택	3주택 이상
2016년	-30,572	+9,480	+9,856
2017년	+7,095	-481	+4,516
2018년	+14,207	-2,403	-2,570
2019년	+9,054	+1,285	+113

• 출처 : 통계청

자 수요보다는 실수요가 견인하는 시장이 되었다. 다주택자들에 대한 취득세율 인상으로 다주택자들의 추가 취득이 어려워졌다는 것은 실수요가 견인하는 서울보다는 투자 수요가 들어갔거나 들어가고 있는 지방의 매수 여력 제한을 뜻한다.

종부세 인상은 다주택자들로 하여금 서울보다는 지방 아파트를 처분하게끔 한다. 그리고 취득세 인상은 실수요장인 서울보다는 지방 아파트의 매수 여력을 감소시킬 것이다. 이는 결국 서울과 지방의 괴리를 다시 벌어지게 만든다.

"6.17 대책과 7.10 대책은 서울과 기타 지역의 괴리를 더욱 확대할 것이다."

서울 부동산 버블이 과거보다 커지는 이유

현재 서울 집값은 비쌀까 안 비쌀까? 이는 각자 처한 상황에 따라 의견이 다르다. 더 오르길 바라는 사람은 아직 안 비싸다고 할 것이고, 떨어지길 바라는 사람은 매우 비싸다고 답할 것이다. 결론적으로 말하면 서울 집값은 비싼 게 맞다.

소득 대비 집값이 역대 최대를 갱신하고 있기에 더욱 비싸게 느껴진다. 따라서 서울 집값에는 버블이 껴 있다. 그러나 서울 집값의 버블은 과거 그 어느 때보다 더 커질 것이다. 그렇게 생각한 이유에 대해 자세히 살펴보자.

많은 이들이 다양한 상승 의견을 내놓지만 그중 간과되기 쉬운 점이 하나 있다. 바로 '전세 대출'이다. 집을 사거나 전세를 마련할 때 대출을 받지 않고 100% 현금으로 사는 경우는 드물다. 너무나 간단한 공식이지만 매매는 대부분 자기 자본에 대출을 더하거나 자기 자본에 전세를 더해 이뤄진다. 그리고 전세 역시도 자기 자본에 전세 대출을 받아 이뤄진다.

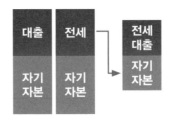

전세 대출도 부동산 시장에 대한 유동성 공급이다. 즉, 과거보다 활발한

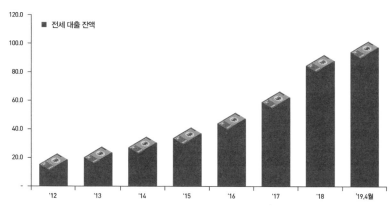

연도별 전세 대출 잔액 추이

■ 전세 대출 잔액

• 단위 : 조 원 •• 출처 : 한국은행

전세 대출은 무주택자의 주거지 상향 욕구를 충족시키면서 전세가를 밀어 올리고 매매가에 대해서도 상방 압력으로 작용한다. 게다가 표심을 의식하는 정치권의 구조상 전세 대출을 과거처럼 비활성화된 상태로 돌리기란 어려운 일이다. 따라서 전세 대출은 '추가로 발생한 변수'라는 개념보다는 '미래에도 계속되는 상수'라는 개념으로 접근해야 한다.

위의 그래프는 연도별 전세 대출 잔액을 도식화한 것이다. 2012년 23조 2,000억 원이었던 전세 대출 잔액은 2019년 4월 말 102조 원이 되었다. 무려 80조 원이 늘어난 것이다. 게다가 현재 부동산 규제의 대부분 조항이 서울로 주거 수요를 집중시키는 부작용을 내포하고 있어 전세 대출은 더욱 늘어날 수밖에 없다.

실제 2019년 5월 이후 전체 전세 대출 잔액 추이가 공개되지는 않았으나 한국은행에 따르면 16개 은행의 전세 대출 잔액이 2019년 말부터

2020년 8월까지 21조 4,000억 원이 늘었다고 하므로 전체 전세 대출 잔액이 적어도 120조 원 이상을 상회할 것으로 보인다. 간단히 말하면 2012년부터 2020년까지 8년간 100조 원가량의 돈이 부동산 시장에 전세 대출 형태로 흘러들어온 셈이다.

즉, 현재의 서울 아파트 매매가는 소득 대비 역대 최고를 갱신하고 있다는 점에서 분명 비싸고 버블이 껴 있는 것이 맞다. 그러나 역대 최저 수준의 저금리에 따른 부채 상환 부담 감소, 다주택자들의 매물이 나오기 어려운 환경(양도세 중과, 주택임대사업자 대거 등록)에 더해 전세 대출 활성화로 끊임없이 부동산 시장에 유동성 공급이 더해지는 점 등으로 보아 버블은 앞으로 더 커질 수 있다.

'축구장의 바보'라는 일화가 있다. 다 같이 앉아서 축구를 보는데 한 사람이 서서 축구를 보기 시작하면 뒷사람들도 일어서서 축구를 보게 되므로 결국 모든 사람이 일어서서 경기를 관람하게 된다는 이야기다. 앉아서 보나 서서 보나 경기를 보는 효용은 같은데 굳이 한 사람 때문에 모든 사람이 서서 경기를 보는 불편함을 겪는다. 전세 대출도 비슷한 맥락이다. 더 좋은 주거 환경에서 살고 싶은 마음에 하나둘씩 전세 대출을 받게 되면서 서울 아파트 전세가는 더욱 상승했고 이것이 과거보다 서울 아파트 매매가의 버블을 키운 원동력 중 하나가 되었다.

2장

지역마다 다른
부의 파도

양극화가 심해질수록 서울은 앞으로 더 주목받을 뿐만 아니라 다른 지역과의 격차를 벌릴 것이다. 그 이유에 대해서는 앞에서 구체적으로 설명했다. 그렇다면 서울만이 기회의 땅일까?

대한민국 부동산 시장에는 몇 년에 한 번씩 파도가 친다. 그런데 모든 지역이 똑같은 파도를 타는 것은 아니다. 지역마다 다른 파도를 탄다는 데 바로 기회가 숨어 있다. 서울이라는 부동산의 파도에 올라타지 못했다면 다른 지역의 파도에 올라타는 것도 방법이다. 그런 의미에서 제2의 서울을 찾는 작업은 매우 중요하다.

다음 페이지에 있는 그래프를 보자. 1986년 서울과 6대 광역시 아파트의 평균 매매 시세를 각각 1.0으로 전제하고 2020년 3분기까지 추이를 그려보았다. 1986년부터 IMF를 거쳐 2002년까지 비슷한 수준의 상승과 하락(①)을

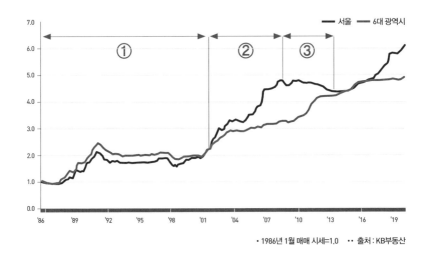

• 1986년 1월 매매 시세=1.0 • • 출처 : KB부동산

함께한 서울과 6대 광역시는 2002년 이후 다른 길을 걷게 된다. 서울은 2009
년까지 거침없이 폭등하는 반면, 6대 광역시는 미미한 상승률을 기록하며 차
이가 벌어진다(②). 그러나 2009년을 정점으로 서울은 2013년까지 중장기 조
정장에 빠졌고, 6대 광역시는 그동안의 상대적 부진을 단숨에 만회하듯 급등
한다(③). 중장기적인 관점에서 보면 서울과 6대 광역시의 차이가 비정상적으
로 벌어질 때(서울의 버블이 커지고 6대 광역시의 버블이 작아질 때) 다시 이를 정상 수
준으로 돌려놓는 시장의 구심력이 작동한 것이다. 그리고 2017년을 기점으
로 서울과 6대 광역시의 디커플링은 다시 진행 중이다.

2017년부터 서울과 6대 광역시의 디커플링이 다시 시작된 가장 직접적인
이유는 8.2 대책의 부작용이다. 2018년 4월 이후부터 다주택자들에게 양도
세를 중과시키겠다는 방침으로 인해 다주택자들이 지방 소재 보유 주택들을

처분하는 동시에 서울의 '똑똑한 한 채'로 포트폴리오를 재정비하면서 서울과 6대 광역시의 집값 격차는 다시 벌어졌다.

물론 많은 이들이 서울과 6대 광역시의 격차는 앞으로도 계속 커질 것이라고 말한다. 그러나 격차에도 정도가 있다. 서울과 6대 광역시의 집값 괴리가 가장 컸던 시점은 2008년 2분기였는데 아직 그 수준까지는 가지 않았지만, 현재의 괴리도 상당한 수준이다. 이는 두 가지를 의미한다.

하나는 6대 광역시의 매매가가 서울과 비교했을 때 저평가됐다는 점. 그리고 서울과 6대 광역시의 매매가 괴리가 현재보다 커질수록 서울보다 6대 광역시의 투자 매력도가 높아진다는 점.

그렇다면 서울과 6대 광역시의 차이가 다시 좁혀질 수 있을까? 나는 "그렇다"고 말한다. 그 몇 가지 이유에 대해 지금부터 자세히 밝히고자 한다.

"서울과 광역시의 다른 행보에서 기회를 찾을 수 있다."

서울과 6대 광역시의 경제 규모 추이 분석

국가 전체의 경제 규모를 보여주는 지표는 GDP(국내총생산)다. GDP는 한 나라의 영역 내에서 모든 경제 주체가 일정 기간 생산한 재화 및 서비스의 부가 가치를 시장 가격으로 평가해 합산한 것으로, 국가 간 경제력을 비교하는 데 자주 사용한다. 마찬가지로 한 국가 내의 지역별 경제력을 비교하려면 GRDP(지역총생산)를 알아보면 된다. GRDP란 GDP와 마찬가지로 일정 기간 일정 지역 내에서 새로 창출된 최종 생산물 가치의 합을 나타내는 경제 지표다. 지역별 GDP로 봐도 무방하다. 그렇다면 6대 광역시의 GRDP 상황을 살

	2010년	2018년	증감
서울	23.6%	22.2%	-1.4%
6대 광역시	21.8%	20.6%	-1.2%
지방	33.6%	32.2%	-1.4%

• 지방 : 수도권과 6대 광역시를 제외한 지자체   •• 출처 : 통계청

펴보자.

위의 표는 2010년과 2018년 서울과 6대 광역시, 지방의 GRDP가 전국에서 차지하는 비중을 나타낸 것이다. 서울, 6대 광역시, 지방의 비중이 모두 줄어들었다는 점이 신기하다. 그렇다면 어딘가가 늘었다는 이야기가 되는데 그곳이 바로 경기도다. 전국에서 경기도 GRDP가 차지하는 비중은 2010년 21.0%에서 2018년 25.0%로 무려 +4.0% 증가했다. 삼성전자의 성장과 판교 테크노밸리의 확장 등으로 경기도의 경제 규모가 매우 커졌기 때문이다.

결과적으로 6대 광역시의 GRDP 비중은 8년간 - 1.2% 하락했는데 이는 서울(-1.4%)과 비슷한 수준이다. 2010년과 2018년의 경제 규모를 볼 때 서울과 6대 광역시는 비슷한 흐름을 보였다. 서울과 6대 광역시의 상대적인 경제 규모(GRDP)가 비슷하게 줄어든 상황에서 집값의 괴리만 커졌다면 이는 집값의 괴리가 다시 줄어들 가능성을 보여준다. 그리고 서울 못지않게 6대 광역시를 눈여겨봐야 할 이유는 하나가 더 있다.

"서울과 광역시의 경제 규모 비중은 과거와 별 차이가 없는데 집값만 벌어진다면?"

부자들의 자산 증가 추이에 주목하라!

"네가 돈이 없다고 남들도 돈이 없다고 생각하지 마라."

과거 나를 부동산의 세계로 처음 이끌어준 분이 소득 대비 집값이 너무 비싸다고 푸념하던 내게 해준 말이다. 그 말을 들었을 때 망치로 머리를 얻어맞은 기분이었다. 지금껏 내가 갖고 있던 상식을 깨부수는 말이었기 때문이다. 나는 세상을, 부동산을 내 기준으로만 바라봤고 내가 비싸면 남들에게도 비싸다고 생각했다. 한방 맞고 멍하니 있던 내게 그분은 쐐기를 박듯 한마디를 더했다.

"세상에 돈 많은 사람 엄청 많아."

이는 부동산을 나만의 기준이 아닌 데이터로 분석해야 하는 이유를 깨닫는 계기가 되었다. 그리고 실제로 궁금해졌다. 돈 많은 사람이 얼마나 많은지 말이다.

KB금융지주 경영연구소에서는 매년 《한국 부자 보고서》를 발행한다. 《한국 부자 보고서》에는 유용한 데이터들이 많은데 특히 10억 이상 금융자산 보유자를 '한국 부자'로 정의하고 이들의 현황과 자산 운용 행태에 대한 정보를 제공한다.

내가 눈여겨보는 데이터는 한국 부자, 즉 10억 이상 금융자산 보유자의 지역별 증가 추이다. 10억 이상의 금융자산을 보유하고 있다면 부동산을 매수할 수 있는 계층이라는 의미가 되므로 이러한 계층이 얼마나 있는지 알아보는 건 해당 지역의 부동산을 전망하는 데 있어 매우 중요하다.

우선 10억 이상 금융자산 보유자의 수는 2010년 16만 명에서 2019년 35만 4,000명으로 연평균 +9.2%씩 늘고 있다. 참고로 억대 연봉자도 2014년 52만 6,000명에서 2018년 80만 2,000명으로 연평균 +11%씩 늘어나는 것

	2014년	2019년	증감
서울	45.2%	45.9%	+0.7%
6대 광역시	20.3%	19.6%	-0.7%
지방	14.7%	12.8%	-1.9%

• 지방 : 수도권과 6대 광역시를 제외한 지자체   •• 출처 : 《KB 한국 부자 보고서》

으로 보아 소위 말하는 부자의 수가 일반적인 예상보다 상당히 빠르게 증가한 다는 사실을 알 수 있다. 그렇다면 지역별 비중은 어떨까?

결과는 GRDP 추이와 다소 다르게 나왔다. 2019년 전국에서 서울과 6 대 광역시의 10억 이상 금융자산 보유자가 차지하는 비중은 각각 45.9%와 19.6%로 5년 전인 2014년과 비교해 서울은 +0.7% 늘었고 6대 광역시는 −0.7% 줄었다. 서울의 부자가 6대 광역시, 지방과 비교했을 때 상대적으로 더 많아졌다.

그러나 조금 더 자세히 들여다보면 6대 광역시 안에서도 차이가 있었다. 6 대 광역시 중에서도 부산(2014년 7.1% → 2019년 7.2%), 인천(2014년 2.7% → 2019년 2.9%)은 10억 이상 금융자산 보유자 비중이 늘었다. 그리고 대구, 대전, 광주, 울산은 비중이 줄었다. 이런 측면에서 볼 때, 전국 10억 이상 금융자산 보유자 의 비중이 늘고 있는 부산과 인천을 좀 더 눈여겨볼 필요가 있다.

"6대 광역시 중에서도 부산과 인천의 10억 이상 보유자 비중이 늘고 있다."

주택 매수 여력도 물량 부담도 으뜸인 경기도

앞서 GRDP와 10억 이상 금융자산 보유자 추이를 보면서 고개를 갸우뚱하는 독자들이 많을 것 같다. GRDP 비중과 10억 이상 금융자산 보유자 비중, 어느 쪽 추이를 보더라도 다른 지역은 모두 유지 또는 감소하고 있는데 경기도만 갈수록 비중이 늘고 있다. 그런데 왜 경기도가 아닌 6대 광역시에서 포스트 서울을 찾고자 할까?

이에 대해 크게 두 가지 이유를 들 수 있다.

첫째, 경기도는 기본적으로 서울과 함께 움직이는 시장이다. 물론 그동안 상승률과 하락률의 차이는 어느 정도 있었지만, 기본적으로 상승과 하락의 방향을 함께 해왔다.

다음의 그래프는 2004년부터 2019년까지 서울과 경기 아파트의 매매 시세 상승률 추이를 그린 것이다. 그래프를 보면 대부분의 기간 동안 상승률과 하락률이 비슷하게 움직였음을 확인할 수 있다. 따라서 경기도는 서울과 등락을 함께하는 시장이므로 포스트 서울이 될 수 없다.

둘째, 경기도의 물량 부담은 전국 최고 수준이고 앞으로도 그럴 것이다. 전

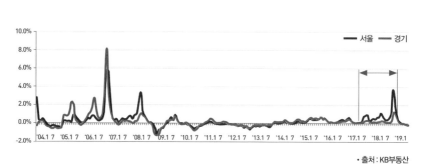

서울과 경기 아파트 매매 시세 상승률 추이

• 출처: KB부동산

	2011~2013년	2014~2016년	2017~2019년
서울	13%	7%	14%
경기	24%	34%	32%
6대 광역시	24%	19%	27%
지방	39%	39%	27%

• 지방 : 수도권과 6대 광역시를 제외한 지자체 •• 출처 : 통계청

국 아파트 착공 물량에서 각 지역이 차지하는 비중은 다음과 같다. 아파트 착공 물량 비중 추이를 나타낸 표를 보면, 2011~2013년에 전국 아파트 착공 물량 중 경기도의 비중은 24%에 불과했으나 2014~2016년에 34%까지 증가했다. 2017~2019년에는 다소 주춤했지만 그래도 32%에 이르면서 여전히 6대 광역시와 지방을 능가하고 있다. 전국에서 가장 많은 물량 공급이 진행되고 있는 것이다.

그런데 여기서 3기 신도시까지 본격적으로 절차를 밟기 시작하면 경기도의 물량 공급은 더욱 늘어난다. 게다가 서울에 대규모 공급이 가능한 택지가 고갈되었고 재건축·재개발 규제가 강화되고 있음을 고려하면 앞으로도 정부는 서울 집값을 잡기 위해 경기도의 물량 공급을 늘릴 가능성이 크다. 아직도 경기도에는 새로운 아파트를 세울 땅이 많다.

① 서울과 방향을 함께하는 시장 ② 향후 물량 부담

이 두 가지 때문에 경기도의 GRDP와 10억 이상 금융자산 보유자 비중이

다른 지역보다 증가하고 있음에도 불구하고 경기도를 포스트 서울로 선정할
수 없는 것이다.

"경기는 서울과의 동조화, 향후 물량 부담 때문에 포스트 서울이 될 수 없다."

빅데이터가 말해주는
폭등전야 서울

2장에서 서울 외에도 6대 광역시를 눈여겨볼 필요가 있다고 말했다. 그러나 현재의 서울 아파트 시장은 언제 터질지 모르는 '폭등전야'와 같다. 2014년부터 2020년까지 무려 7년간 상승한 서울 부동산이 또 폭등한다니 무슨 말인가 싶을 것이다. 2021년 폭등 가능성을 한두 가지 이유만으로 판단한 것은 아니다. 수요, 공급, 유동성 모두가 2021년 큰 폭의 상승 가능성을 점치고 있다. 그리고 이는 최장기간 상승장을 달려온 서울 부동산의 마지막 불꽃이 되리라 예상한다. 그 이유를 자세히 살펴보자.

서울이 아직 버블의 정점에 다다르지 않은 두 가지 이유

내가 가장 애용하는 그래프가 하나 있는데 바로 서울 아파트 매매·전세지

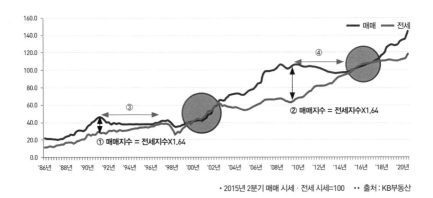

• 2015년 2분기 매매 시세 · 전세 시세=100 •• 출처 : KB부동산

수다. KB부동산에서는 2015년 2분기의 서울 아파트 매매 시세와 전세 시세를 각각 100으로 전제하고 1986년까지 그 추이를 역산해 그렸지만, 나는 이를 2015년 2분기부터 2020년 3분기까지 연장해서 그려보았다.

이 그래프는 2015년 2분기 매매가와 전세가를 100으로 잡고 매매가와 전세가가 얼마나 달라졌는지를 보여준다. 그래프를 통해 내가 얻은 인사이트는 다음과 같다. 바로 중장기 고점에 대한 것이다.

그래프에서 ①번과 ②번의 화살표를 보자. ①번과 ②번 화살표가 의미하는 것은 매매지수와 전세지수의 차이가 가장 큰 시점이다. 매매지수가 전세지수 대비 가장 높은 배수로 오른 상태라는 뜻이다. 신기하게도 해당 기간 매매지수는 전세지수의 1.64배였다. 참고로 매매가가 전세가의 1.64배라는 의미가 아니다.

'전세가=주택 사용 가치' '매매가=주택 사용 가치+투자 가치'라는 개념으로 볼 때 '매매지수와 전세지수의 차이'는 주택의 사용 가치 대비 '버블의 크기'라고 봐도 무방하다. 그래서 ①번과 ②번의 화살표가 가리키는 기간에 매매지수가 전세지수의 1.64배로 버블의 정점에 이르고 그 이후 중장기 조정장(③번과 ④번의 화살표)에 진입한 사실은 시사하는 바가 크다. 즉, 서울 아파트는 매매지수가 전세지수의 1.64배 내외에 이르렀을 때가 중장기 고점이 된다는 뜻이다.

그렇다면 현재의 서울 아파트 매매지수는 전세지수의 몇 배일까? 이 결과를 통해 현재 서울 아파트 시장에 어느 정도 버블이 껴 있는지를 가늠해볼 수 있다.

2020년 4분기 기준 서울 아파트 매매지수는 전세지수의 1.19배다. 1.19 배라는 숫자는 현재 시장에 버블은 있지만, 아직 최정점에 다다르지 않았음을 나타낸다. 물론 전세자금대출이 활발하게 이뤄지고 있어 전세가에도 버블이 있다는 의견을 고려한다면 매매지수는 과거 고점이었던 전세지수의 1.64배까지 가기 전에 중장기 고점에 다다를 수도 있다. 그러나 아직 정점이 아니라고 판단하게 만드는 또 하나의 지표가 있다. 주택구입부담지수를 살펴보자.

주택구입부담지수는 분기마다 한국주택금융공사 주택금융연구원에서 발표하는 데이터다. 해당 지역의 중간소득 가구가 표준대출을 받아 중간가격 주택을 사는 경우의 대출 상환 부담을 수치로 나타낸 것이다. 지수가 높을수록 중간소득 가구의 주택 구입 부담이 커지고 있음을 의미한다. 이 데이터는 소득과 대출금리를 통해 가구의 주택 구입 여력이 어느 정도인지를 보여준다.

주택구입부담지수 100은 해당 지역의 중간소득 가구가 중간가격 주택을 살 때 소득의 약 25%를 주택담보대출 원리금을 갚는 데 사용한다는 것을 뜻한다. 2020년 3분기 기준 서울 주택구입부담지수는 144.5로 최근 16년간 평

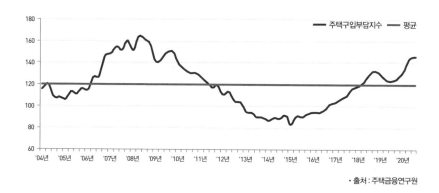

・출처 : 주택금융연구원

균인 120.2를 20% 초과했고 전고점인 164.8(2008년 2분기)까지는 14% 정도 차이가 있다. 즉, 버블의 중후반부로 접어들고 있는 수준이나 아직 정점에는 이르지 못했다.

이렇게 집값이 비싼데도 버블의 정점까지 이르지 못한 이유는 두 개의 지표에서 드러난다. 바로 높은 전세가와 저금리 때문이다. 높은 전세가는 매매가의 하락을 막아준다. 여기에 더해 저금리는 대출 상환에 대한 부담을 줄여줘 매수세를 뒷받침한다. 게다가 버블의 정점에 다다르게 할 또 한 번의 급등이 서울 부동산을 기다리고 있다. 왜 한 번의 급등이 서울 부동산을 기다리고 있는지 지금부터 그 이유에 대해 살펴보자.

"높은 전세가와 저금리 때문에 서울 부동산은 버블 정점에 도달하지 못했다."

수요, 서울의 실수요층이 급증한다

나의 가장 큰 고민은 '서울 아파트의 매매가에 영향을 줄 수 있는 대표적 실수요층을 어떻게 설정하는가'였다. 보통 재화의 가치를 언급할 때 수요와 공급을 따지지 않을 수 없다. 공급은 단기 구간의 경우 착공 물량, 장기 구간의 경우 인허가 물량을 참고하면 되는데 수요는 인구를 참고해야 할지, 가구를 고려해야 할지 도통 종잡을 수 없었다. 인구와 가구는 계속 늘어나는 반면, 집값은 등락을 거듭했기 때문에 인구나 가구만을 가지고 서울 아파트 시장의 미래를 전망하기에는 부적절했다.

노무라 금융투자에서 언급한 '서울 10년차 부부와 서울 집값의 높은 상관관계'에서 큰 힌트를 얻었다. 노무라 금융투자에 따르면 서울 집값은 서울 10년차 부부의 증감과 같은 흐름을 보인다는 것이다. 결혼한 지 10년이면 보통 첫 아이가 초등학교에 입학할 무렵이다. 이들은 전·월세에서 벗어나 내 집 마련에 나서는 대표적 실수요층이 되는데 실제 서울 10년차 부부와 서울 집값은 비슷한 추이로 움직였다.

통계가 주는 묘미를 그때 깨닫고 한술 더 떠 10년차 부부보다 더 강력한 서울 아파트 실수요 계층이 없는지 알고 싶어졌다. 이에 전국, 서울, 경기의 7~11년차 부부를 78개 조합으로 쪼개서 2000년부터 서울 아파트 시세 증감률과 가장 밀접한 상관관계를 보이는 것을 가려보았고 결국 찾아냈다.

상관계수가 0.5만 넘어도 통계적으로 유의미한 상관관계가 있다고 보는데, 서울 10년차 부부는 서울 아파트 시세와 0.51의 상관계수를, 서울·경기 10~11년차 부부는 0.61의 상관계수를 기록해 더 깊은 상관관계를 입증했다. 이는 경기 10~11년차 부부도 서울 아파트의 대표적인 매매 실수요층이라는 것을 의미한다.

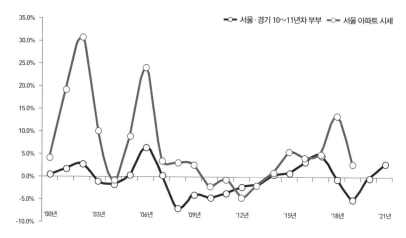

　앞의 설명만으로는 와닿지 않을 것 같아 서울·경기 10~11년차 부부와 서울 아파트 시세 추이 간의 높은 상관관계를 좀 더 알기 쉽게 이야기해보겠다. 서울·경기 10~11년차 부부는 정확히 2008년에 감소 전환해 2013년까지 지속적으로 감소했다. 서울 아파트 시세 역시 2009년부터 2013년까지 하락했다. 그리고 서울·경기 10~11년차 부부가 2014년부터 증가세로 전환하자 서울 아파트 시세도 2014년부터 상승 전환했고, 서울·경기 10~11년차 부부 증감률이 2018년 약보합세 이후 2019년 큰 폭으로 하락하자 서울 아파트 시세도 2019년 상반기 조정기를 겪었다. 우연으로 치부하기에는 너무나 비슷한 흐름이다.

　이러한 상관관계를 바탕으로 나는 서울·경기 10~11년차 부부를 향후 서울 아파트 매매 시세에 영향을 줄 수 있는 대표적 수요 인자로 삼기로 했다. 그렇다면 서울·경기 10~11년차 부부는 향후 어떤 증감률을 보일까?

서울·경기 10~11년차 부부는 2019년 −5.0%로 크게 감소한 후 2020년 보합세를 보이다 2021년에는 +2.9% 증가한다. 참고로 +2.9%라는 증가율은 2000년 이래 네 번째로 높은 수치다. 이는 2021년에 서울 아파트 매매 시세를 견인할 실수요층이 상당히 많아진다는 것을 뜻한다. 수요 급증. 2021년 급등 가능성의 일각이 채워진다.

"서울의 대표적 실수요층인 서울·경기 10〜11년차 부부가 2021년에 급증한다."

공급, 입주 절벽에 다다르다

서울 아파트의 수요에 대해 알아봤으니 이번에는 공급이다. 공급에 대해서는 공급의 가장 직접적인 지표인 입주 물량을 보자. 과연 서울 아파트 입주 물량은 어떤 추이를 보일까?

2019년부터 2020년까지 서울에 연 4만 호 이상의 입주 물량이 공급됐다. 적지 않은 양인데 여기 한 가지 숨겨진 사실이 있다.

다음 페이지의 그래프를 잘 보면 2018년 입주 물량 3만 8,217호에 헬리오시티 9,510호가 포함된다. 그런데 헬리오시티는 2018년 12월 31일부터 입주를 시작했다. 사실상 2019년 입주 물량이다. 따라서 헬리오시티 9,510호를 2019년 입주 물량으로 간주할 경우, 2018년 입주 물량은 2만 8,707호로 예년과 큰 차이가 없으나 2019년은 5만 4,168호로 역대급 물량이 입주한 해였다. 그러나 2020년 5만 289호를 거쳐 2021년에는 2만 6,940호의 입주 물량만 남는다. 심지어 2022년은 1만 7,020호의 입주가 예상된다. 가히 입주

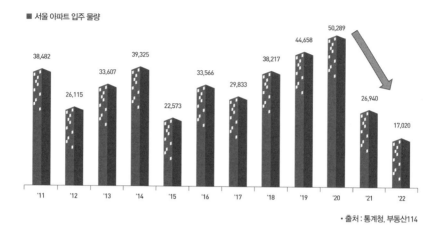

■ 서울 아파트 입주 물량

'11 38,482
'12 26,115
'13 33,607
'14 39,325
'15 22,573
'16 33,566
'17 29,833
'18 38,217
'19 44,658
'20 50,289
'21 26,940
'22 17,020

• 출처 : 통계청, 부동산114

절벽 수준의 물량이다. 5만 호 내외의 입주 물량에도 상승한 서울 아파트 시장이 2만 호 남짓한 입주 물량을 맞이하면 어떻게 될까?

입주 물량의 급감은 전세가를 강하게 밀어올릴 것이다. 전월세 상한제와 계약갱신청구권이 시행되었으나 전세가의 상승을 막을 수는 없으며 그 여파에 대해서는 뒤에서 자세히 설명할 예정이다.

전세가의 상승은 매매가에 하방 경직성을 제공할 뿐 아니라 상방 압력을 더욱 강화할 것이다. 특히 가구 수 증가의 핵심 요인이 되는 결혼이 코로나19로 인해 대거 미뤄진 점을 고려했을 때, 2021년에 연기된 결혼까지 몰려서 가구 수가 가파르게 증가할 경우 전세가는 더욱 크게 상승할 것이다. 수요와 공급 모두 2021년 급등 가능성을 높이고 있다.

"2021년의 입주 물량 급감은 서울 부동산 급등 가능성을 높이는 요소다."

유동성, 버블의 완성

내가 부동산을 전망할 때 수요와 공급 외에 참고하는 요소가 하나 더 있다. 바로 유동성이다. 앞서 수요와 공급에 대해 살펴봤으니 이제 유동성에 대해 알아보자. 유동성은 쉽게 말하면 '돈'이다. 아무리 수요가 많고 공급이 적어도 유동성이 부족하다면 집값을 밀어올리는 데는 한계가 있다. 반대로 수요가 적고 공급이 많아도 유동성이 넘친다면 집값은 떨어지지 않는다.

1986년 1월부터 2020년 9월까지의 M1/M2 비율 추이를 그려보았다(55페이지). M1은 현금, 예금 등 바로 현금화가 가능한 돈이며 M2는 M1+만기 2년 미만 금융 상품 등 짧은 만기에 묶여 있는 돈이다. M2 대비 M1 비율이 높다는 것은 거의 이자를 받지 않고 예치해놓은 돈이 많다는 의미이므로 자산 시장에 언제든지 투입될 수 있는 '유동성의 진성 에너지'로 볼 수 있다.

M1/M2 비율의 의미는 대단히 크다. 그래프에서 M1/M2 비율이 29% 이상이었던 해를 확인해보면 1986~1990년, 1992~1993년, 2001~2006년, 2015~2018년이고, 서울 아파트 가격이 KB부동산 기준 연평균 상승률 +6%를 초과한 해는 1988~1990년, 1999년, 2001~2003년, 2005~2006년, 2015년, 2018년으로 M1/M2 비율 29% 이상이었던 해와 상당 부분 일치한다.

두 번의 예외가 있었다. 첫 번째는 1992~1993년으로 M1/M2 비율이 29%였음에도 불구하고 서울 아파트는 1992년 −4%, 1993년 −3%로 하락했다. 이때는 1기 신도시가 1991년부터 대거 입주를 시작하여 수급이 크게 무너진 기간이었다.

다음은 1999년이다. M1/M2 비율은 22%였으나 서울 아파트가 +13%나 폭등한 것이다. 이는 1998년 IMF 사태로 인해 −15%나 폭락한 데 따른 기저효과 때문이었다.

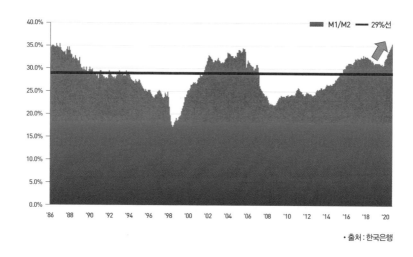

• 출처 : 한국은행

지난 36년간 서울 아파트가 +5% 이상 상승한 13년 중에 무려 11년이 M1/
M2 비율 29% 이상이었다. 이러한 사실을 고려했을 때 서울 아파트 시장에서
M1/M2 비율로 나타나는 유동성은 매우 중요하다.

그런데 2020년 M1/M2 비율이 급격하게 오르고 있음을 그래프에서 확인
할 수 있다. 2017년 10월 33.0%를 정점으로 줄곧 내려가던 M1/M2 비율은
2019년 10월 30.8%를 저점으로 시작해 2020년 10월 35.9%까지 가파르게
올랐다. 참고로 M1/M2 비율 35.9%는 관련 데이터가 집계된 1986년 1월 이
래 가장 높은 수치다. 즉, 현재가 진성 유동성의 힘이 가장 강한 시기라고 볼
수 있다. M1/M2 비율이 33%를 상회하고 있다는 것은 또 다른 의미가 있다.

M1/M2 비율이 33%를 상회한 해는 지난 34년간 1986~1987년과
2004~2005년뿐이었다. 그리고 그 이듬해인 1988년과 2006년은 서울 부

동산 시장이 역대급으로 폭발적 상승을 기록한 해였다. 우연의 일치였을까? 엄청난 유동성이 시차를 두고 서울 부동산을 밀어올렸다고 해석할 수 있는 대목이다. 그리고 2020년 M1/M2 비율은 상반기 33%를 넘어 하반기에는 35%를 상회하고 있다. 그 이듬해인 2021년에 어떤 일이 벌어질까?

"현재도 서울 부동산 시장의 급등을 이끌 수 있을 만큼 유동성이 풍부하다."

M1/M2 비율뿐 아니라 유동성에 추가적인 동력을 공급할 이벤트가 하나 더 기다리고 있다. 바로 '토지보상금'의 존재다.

사실 서울 부동산의 역사를 언급할 때 신도시의 존재를 간과할 수 없는 이유가 있다. 신도시가 서울 부동산에 미친 영향이 매우 컸기 때문이다. 따라서 서울 부동산의 미래를 이야기할 때도 신도시는 고려 대상이다. 신도시 조성 전후로 서울 부동산은 어떤 영향을 받았을까?

다음 페이지에 그래프를 자세히 보자. 그래프의 검정 선은 1986년부터 2020년까지 서울 아파트 매매 시세 추이를 나타낸 것이다. 그리고 회색으로 칠해진 단면은 상승기, 붉은색으로 칠해진 단면은 하락기를 나타낸다. 회색 화살표는 신도시 토지보상금이 지급된 시기이며 붉은색 화살표는 신도시 입주가 시작된 시기다.

그래프와 화살표로 드러난 서울 부동산의 역사를 돌이켜보자.

1980년대 후반부 3저 호황에 힘입어 상승하던 서울 부동산은 1기 신도시 토지보상금 유입(①번 회색 화살표)으로 폭등했다. 한껏 부푼 버블은 1기 신도시 입주 개시(①번 붉은색 화살표)와 함께 꺼지기 시작하면서 서울 부동산을 중장기

• 출처 : KB부동산

조정장에 빠지게 했다.

1998년 IMF 사태를 딛고 1999년부터 2003년까지 다시 급등한 서울 부동산은 상승 피로감 누적으로 2004년 조정을 겪지만 2기 신도시 판교 토지보상금 유입(②번 회색 화살표)으로 에너지(유동성)를 공급받으면서 다시 상승한다.

2006년 2기 신도시 광교 토지보상금 유입(③번 회색 화살표)은 결정타였다. 서울의 불같은 상승세에 기름을 끼얹은 꼴이었다. 2008년 글로벌 금융위기가 터지자 하락세로 전환한 서울 부동산은 2009년 2기 신도시 위례 토지보상금 유입(④번 회색 화살표)과 다섯 차례에 걸친 금리 인하로 다시 1년간 반등한다.

그러나 무려 10여 년간 상승한 서울 부동산은 매매가와 전세가의 괴리가 역대 최대(역대 최저 전세가율 38%)로 벌어지면서 그 버블의 크기도 감당할 수 없는 수준으로 부푼다. 그런 상황에서 2009년 2기 신도시 판교 입주 개시(②번 붉은색 화살표)는 안 그래도 버블 크기에 허우적대기 시작한 서울 부동산에 하락의 그림자를 드리우게 된다. 그리고 2011년 2기 신도시 광교 입주 개시(③번 붉은색 화살표)는 하락에 박차를 가하게 된다.

이렇게 서울 부동산의 역사를 그래프와 함께 돌이켜보면 큰 그림이 확인된다. 정리해보면 다음과 같다.

① 서울 집값 상승세를 잡기 위해 정부에서 신도시 조성을 발표한다.
② 상승하던 서울 집값은 토지보상금 유입으로 더욱 오른다.
③ 상승의 폭과 기간이 확대된 서울 집값은 신도시 입주와 함께 중장기 조정장에 빠진다.

그렇다. 신도시 조성은 서울 집값이 급등세를 보이면 이를 진정시키기 위해 발표되는데 이후 토지보상금이 지급돼 서울 집값은 오히려 더 상승한다. 정상적인 상승세를 보이던 서울 부동산에 유동성(토지보상금)이 유입돼 더 큰 버블이 생기고 신도시 완성 및 입주 시작으로 그 버블이 붕괴되면서 경착륙을 하게 되는 것이 서울 부동산의 역사였다.

2014년부터 2020년까지 무려 7년간 상승한 서울 부동산은 '3기 신도시 토지보상금'이라는 마지막 상승 동력을 남겨두고 있다. 그리고 3기 신도시 토지보상금으로 더 커질 버블은 3기 신도시 입주, GTX·신안산선 개통과 맞물리는 시점에서 서울 부동산의 경착륙을 예고하고 있다. 이 이야기는 4장에서 자세히 다루기로 하자.

정부의 예고대로라면 3기 신도시 토지보상금은 2021년부터 본격적으로 지급될 예정이다. 그리고 앞서 서울·경기 10~11년차 부부로 대표되는 실수요가 급증하는 해도 2021년이고, 입주 물량이 급감하는 해도 2021년이라고 언급했다. 이렇게 수요가 증가하고 공급이 감소하는 2021년에 3기 신도시 토지보상금이라는 새로운 유동성도 가세한다. 2021년 서울 부동산, 급등하지 않는 게 더 이상한 상황이다.

"서울 2021년 급등의 마지막 퍼즐, 3기 신도시 토지보상금이 기다리고 있다."

서울 상승세의 근원, 8.2 대책

2018년 서울 아파트 시장의 폭등은 상상 이상이었다. KB부동산 기준 2018년 서울 아파트 매매 시세 상승률은 +13.6%로 2006년 +24.1% 이래 12년 만의 최대 상승폭이었다. 과연 폭등의 원동력은 무엇이었을까?

단언컨대 2018년 폭등의 으뜸 원인은 2017년 8월 2일 발표된 '8.2 대책'이라고 해도 과언이 아니다. 서울 25개 구 전체를 투기과열지구로 지정하고, 1가구 1주택 비과세 요건에 2년 실거주 추가, LTV 축소, 재건축 초과이익 환수제 시행 등을 주요 골자로 한 부동산 대책이나 그중에서도 가장 핵심은 다주택자 양도소득세 중과를 2018년 4월 1일부터 시행한 것이었다. 그리고 주택임대사업자 등록 시 양도소득세, 재산세, 종부세 감면 등 각종 세제 혜택을 제공해 사실상 다주택자들에게 하나의 퇴로를 열어줬다.

시장은 즉각적으로 반응했다. 다주택자들이 늘어나는 세금 부담을 줄이고자 대거 주택임대사업자 등록에 나섰기 때문이다. 알다시피 주택임대사업자에 등록해서 각종 세제 혜택을 온전히 받으려면 최장 8년간 보유 주택을 매도할 수 없다. 따라서 다주택자들의 주택임대사업자 등록 증가는 서울 아파트 시장에 유통 매물의 급격한 감소를 초래했다. 2014년 3만 호에 불과하던 등록임대주택은 2015년 13만 호, 2016년 20만 호로 늘어나더니 급기야는

	2016년	2017년	2018년	2017년 대비 2018년 증가율
전국	80,957	89,312	111,863	+25%
서울	13,489	14,860	24,765	+67%
강남 3구	3,293	3,145	6,956	+121%

• 출처 : 한국감정원

2018년 38만 호까지 늘어났다. 게다가 양도세도 중과돼 주택임대사업자 등록을 하지 않은 다주택자들도 물건을 매도하지 않게 됐다. 막대한 물량이 잠겨버린 것이다.

또 다른 움직임도 일어났다. 주택임대사업자 등록을 하지 않은 다주택자들에게 또 다른 선택지는 바로 '증여'였다. 양도소득세 중과로 양도세보다 증여세를 내는 것이 합리적이기 때문에 자녀들에게 증여하는 셈인데 다주택자들의 보유 주택 감소로 절세 효과도 노릴 수 있었다. 그리고 증여를 받은 자녀들은 일정 기간 해당 집을 보유해야 하므로 시장에 매물로 나오기 더욱 어려워진다.

위의 표는 연도별 주택 증여 건수를 나타낸 것이다. 보다시피 2018년에 증여가 크게 늘었다. 전국 단위로는 2017년 대비 2018년에 +25%나 증가했다. 그런데 특이한 점은 서울과 강남 3구의 추이다. 1년간 서울은 +67%, 강남 3구는 +121%나 증여가 늘었다. 고가 주택이 많은 지역의 다주택자일수록 늘어나는 세금에 대한 절세 수단이 절실했고, 이를 증여의 형태로도 대응했음을 알 수 있다. 그리고 이는 고가 주택이 많은 지역일수록 매물 잠김 현상이 뚜렷해질 수 있음을 시사한다. 2020년 9월 강남 4구에서 역대 최대 증여 건수를 기록했다. 이러한 흐름은 앞으로도 계속될 것이다.

"다주택자들의 주택임대사업자 등록 및 증여 확대로

서울의 매물 잠김 현상은 뚜렷해졌다."

코로나19 이후 다가올 보복 소비

보복 소비.

2019년 2월 16일, 중국의 유명한 경제학자 우샤오보(吳曉波)가 강연을 통해 언급한 말로, 외부 요인으로 억눌렸던 소비가 사태 종료 후 보상 심리 차원에서 다시 급증하는 상황을 일컫는다. 코로나19 확산세가 주춤해지면 소비 심리가 살아날 것이라는 의미다. 미국 재무부장관 스티븐 므누신(Steven Mnuchin)이 언급한 "a lot of pent up demand(엄청난 양의 억압된 수요)"와도 일맥상통하는 뜻이다.

실제로 2001년 9.11 테러, 2008년 글로벌 금융위기가 일단락된 이후 보복 소비가 경제 성장을 이끌었다. 게다가 코로나19가 종식되더라도 경계 심리로 인해 당분간 해외여행을 가는 것은 어렵다고 볼 때 보복 소비는 내수에 집중될 가능성이 크다.

이러한 관점을 바탕으로 세계 주요 기관과 한국은행에서도 우리나라의 경제 성장률을 다음과 같이 전망하고 있다. 다음 페이지의 표에서 보다시피 2020년은 역성장이 불가피하나 2021년은 가파른 반등을 예고하고 있다. 역성장을 기록할 2020년에도 저금리를 바탕에 둔 유동성의 힘으로 7년 연속 상승을 기록한 서울 부동산은 2021년 '보복 소비'와 '억압된 수요의 분출'로

	2020년	2021년
OECD	-1.0%	+3.1%
IMF	-1.9%	+2.9%
아시아개발은행	-1.0%	+3.3%
한국은행	-1.3%	+2.8%

• 2020년 10월까지 기관 발표 기준

강한 상방 압력을 받을 가능성이 크다.

위와 같은 이유로 인해 서울 부동산은 2021년 급등할 것이다. 그리고 이러한 2021년 급등은 역설적으로 위험하다는 신호를 보내오고 있다. 왜 그렇게 봐야 하는지 그 이유를 다음 장에서 자세히 이야기해보겠다.

"2021년 반등할 경제와 호전될 심리는 서울 부동산을 밀어올릴 또 하나의 요소다."

서울 부동산 중장기 하락장이 시기상조인 이유

지금까지 서울 부동산의 2021년 급등 가능성이 큰 이유를 설명했다. 다음은 자연스레 중장기 하락장이 언제 오는지에 관심이 쏠릴 것이다. 4장에서 그 부분을 언급할 예정이나 일단 여기서는 "지금은 아니다"라고 말하고 싶다. 그 이유를 이번 팁에서 살짝 소개하고자 한다.

서울 아파트 시장은 1991~1995년과 2010~2013년에 중장기 조정장을 맞이했는데 그 당시 서울 아파트 시장에 하락을 초래한 이슈들을 돌아보고 현재와 비교해보는 시간을 가져보자.

① 장기간 폭등

KB부동산 기준으로 1987~1990년 서울 아파트 시장은 +103% 폭등했다. 1999~2009년은 무려 +196%라는 상승률을 기록했다. 1991~1995년과 2010~2013년의 조정장 앞에는 이렇듯 장기간의 폭등이 있었다.

그렇다면 2014년부터 2020년까지의 상승률은 어느 정도일까? 결과는 55%에 불과하다. 절대적인 금액이 과거보다 커서 그렇지, 실제 상승률은 과거 폭등기와 비교했을 때 상당히 낮은 셈이다. 물론 과거보다 경제 성장률이 낮아서 과거 상승률과 일률적인 비교는 부적절하다는 지적이 있을 수 있으나 과거 중장기 하락장을 초래한 상승률에 비하면 아무래도 현 상승기의 상승률은 너무 낮다.

② 신도시 입주 개시

앞에서도 설명한 바 있지만, 서울 부동산의 중장기 조정장은 신도시 입주와 함께 시작됐다. 1987~1990년의 폭등 후 1991년부터 시작된 1기 신도시 입주는 1995년까지 서울 아파트 시장에 조정을 선사했고, 1999~2009년의 최장기간 상승 후 2009년 판교, 2011년 광교 등 2기 신도시 입주는 서울 아파트 값을 하락장에 접어들게 만들었다. 3기 신도시의 영향력을 무시할 수 없는 이유다.

그러나 문제는 3기 신도시의 입주다. 앞으로 5년 내에 3기 신도시 입주는 힘들어 보인다. 즉, 3기 신도시가 단기간 내에 서울 부동산에 하방 압력으로 작용할 여지는 적다는 뜻이다.

③ 역대 최대의 주택구입부담지수

앞서 언급된 주택구입부담지수는 해당 시기의 집값을 가구가 수용할 수 있는 여력이 있는지를 알려주는 데이터다. 주택구입부담지수의 전고점은 2008년 2분기였는데 그 이후 아직도 서울 주택구입부담지수는 전고점에 이르지 못하고 있다. 2008년 2분기 주택구입부담지수 164.8이라는 숫자는 서울의 중간소득 가구가 서울의 중간가격 주택을 구매하기 위해 가구 소득의 41%를 주택담보대출의 원리금 상환에 사용하는 수준을 의미하므로 서울 집값이 이 수준을 넘어서기는 힘들다는 결론에 다다른다. 2020년 3분기 주택구입부담지수는 144.5이다. 아직도 서울 아파트 시장이 중장기 조정장에 빠지기에는 전고점과의 거리가 있다.

④ 반값 아파트로 불리는 보금자리 주택 공급

2010년부터 2013년까지의 서울 부동산 하락기는 장기간 폭등에 따른 피로 누적, 신도시 입주에 따른 수급 악화 외에 보금자리 주택 공급도 영향을 미쳤다. 이명박 정부의 대표적인 주택 정책 중 하나인 '보금자리 주택' 공급은 서울 아파트 기축 수요를 줄이는 데 한몫했다. 반값 주택으로 인해 굳이 기존의 아파트를 구매할 필요가 없어졌기 때문이다. 보금자리 주택에 대한 수요는 기존의 아파트 가격을 떨어트렸다. 반대급부로 매매 수요가 청약 대기 수요로 변하면서 전세값은 폭등했다.

분양가 상한제는 보금자리 주택과 비슷한 영향을 미칠 것이다. 주변 시세보다 훨씬 낮은 가격으로 분양하는 분양가 상한제는 '반값 아파트'로 불린 보금자리 주택과 유사한 면이 있다. 그런데 보금자리 주택 공급 때와 달리 지금의 분양가 상한제가 힘을 발휘하지 못하고 있는 이유는 정부 규제의 반작용으로 매물이 크게 줄어든 영향이 크다.

앞서 언급한 것처럼 양도세 중과로 다주택자들의 매물이 나오지 않고 오히려 주택임대사업자 등록 유도로 장기간 매물 잠김 효과가 발생하면서 분양가 상한제 및 HUG의 저분양가 유도에도 불구하고 현재는 과거와 달리 상승세가 이어지고 있다.

⑤ 역대 최저의 전세가율

아파트 전세가를 매매가로 나눈 비율이 전세가율이다. 서울 아파트 역대 최저 전세가율은 2009년 1월 38.2%였다. 역대 최대로 벌어진 매매가와 전세가의 이격은 더는 서울 아파트의 상승을 허락하지 않았고 2010년부터 서울 아파트 시장을 하락장으로 인도했다.

그렇다면 현재 전세가율은 얼마일까? 2020년 12월 기준 56.1%다. 전세가율로도 장기 하락을 논하기에는 시기상조인 셈이다. 게다가 이미 서울 아파트 입주 물량이 크게 줄어들 시기가 다가왔고, 분양가 상한제 여파로 매매 수요가 대거 전세 수요로 돌아선다면 현재 전세가율은 떨어지기는커녕 오히려 오를 가능성이 크다는 점도 눈여겨봐야 할 대목이다.

4장

서울,
매도 타이밍이 온다

2021년 서울 부동산은 급등을 거듭할 것이다. 그런데도 무주택자들에게 지금 서울 아파트를 사도 된다는 말을 선뜻 하기 어려운 이유가 있다. 서울 부동산이 2023~2024년경 정점을 찍고 중장기 하락장에 돌입할 가능성이 크기 때문이다.

2014년부터 서울 부동산을 상승시킨 원동력 중 상당 부분이 2023년 이후부터 힘을 잃기 시작한다. 게다가 2026년에 주택임대사업자 등록 물량의 매물 출회와 3기 신도시 입주 개시가 맞물리면서 하락의 폭은 더욱 깊어질 것이다.

그렇다면 2021년에 집을 사서 중장기 정점으로 예상되는 2023~2024년경 집을 팔면 되지 않느냐고? 그러나 보유 기간(실거주 포함)이 짧아서 양도세를 많이 내는 것은 감안해야 한다. 물론 유주택자가 됨으로써 갖는 심리적 안정감은 무시할 수 없으나 투자자 또는 과도한 부채를 끌어 써야 하는 사람들에게는 신중한 접근이 필요하다.

입주 물량의 쓰나미가 몰려온다(2023~2024)

언론에서도 여러 번 지적했다시피 국토교통부와 기관의 입주 물량 전망에는 많은 차이가 있다. 국토교통부는 2021~2022년에도 서울 아파트 입주 물량이 연 4만 호를 넘길 것으로 보고 있으나 부동산114, 직방 등 부동산 관련 기관은 해당 기간의 입주 물량을 연 2만 호 내외로 보고 있다. 이 차이를 두고 국토교통부는 인허가를 기준으로 수치를 산정했다고 밝히고 있으며 기관은 입주자 모집 공고, 즉 분양한 수치를 기준으로 하고 있다고 언급했다. 그러나 기관의 전망이 사실에 가깝다고 봐야 한다.

국토교통부는 인허가를 기준으로 향후 입주 물량을 전망했다고 하는데 인허가 이후에도 실제 사업이 진행되지 않거나 지연되는 경우가 많다. 반면, 기관이 향후 입주 물량 기준으로 삼은 입주자 모집 공고는 2~3년 후 입주가 확실시되는 물량이기 때문에 좀 더 정확하다고 할 수 있다. 그런 관점에서 부동산 관련 기관이 2021~2022년 서울 아파트 입주 물량을 연 2만 호 내외로 보는 점은 눈여겨볼 필요가 있다. 그런데 이상한 점이 하나 있다. 서울 아파트 연도별 착공 물량 추이를 살펴보자.

2017년부터 2019년까지 무려 15만여 호에 이르는 물량이 착공되었다. 그런데 3년 후인 2020년부터 2022년까지 기관의 입주 물량 전망은 8만여 호에 불과하다. 이미 착공한 사업장에서 문제가 발생해 건축이 멈추지 않는 이상, 2017~2019년 착공 물량과 2020~2022년 입주 물량의 차이는 바로 2023년 입주 물량에 대거 반영될 가능성이 크다.

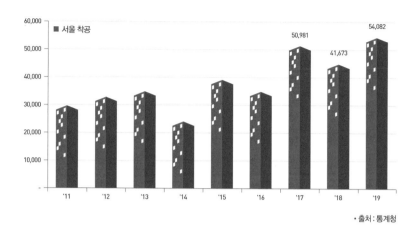

• 출처 : 통계청

　그렇다. 서울 아파트 시장에 하방 압력을 가할 첫 번째 파도, 재건축 초과이익 환수제를 피하고자 사업 속도에 급피치를 올려서 인허가를 얻은 2017년 7만 4,984호의 존재가 2023~2024년 막대한 입주 물량으로 나타날 예정이다.

　동남권에서만 둔촌 주공(올림픽파크 에비뉴포레) 1만 2,032호, 개포 주공1단지(개포 디에이치 퍼스티어 아이파크) 6,702호, 개포 주공4단지(개포 프레지던스 자이) 3,375호, 신반포3차+경남(래미안 원베일리) 2,990호, 진주 2,870호, 미성크로바 1,910호, 흑석3구역(흑석 리버파크 자이) 1,772호 등이 2023~2024년에 입주할 것으로 예상된다.

　동남권 외에도 이문·장위·수색 등 재개발 구역에서 2023년부터 대거 입주를 시작할 것으로 보인다. 이는 2021~2022년 입주 물량 급감으로 한껏 부푼 서울 부동산 버블을 꺼트리기 시작하는 첫 번째 신호탄이 될 것이다.

"2023～2024년 이후 서울을 중장기 하락장으로 이끌 첫 번째 퍼즐은

바로 서울의 입주 물량 확대다."

실수요층 급감(2024～)

그동안 서울 아파트 매매 시세에 가장 큰 영향을 미친 서울·경기 10~11년차 부부 증감에 큰 변화가 생긴다.

그래프에서 보다시피 2024년부터 서울·경기 10~11년차 부부는 가파르게 감소한다. 2024년의 감소폭은 2008년 및 2019년과 유사한 수준이다. 2008년과 2019년의 10~11년 전에 무슨 일이 있었는지를 떠올려보자. IMF 사태와 글로벌 금융위기가 있었다. 그 당시 들이닥친 경제 충격으로 결혼을 하지 않은 여파가 10~11년 후인 2008년과 2019년에 10~11년차 부부 급감으로 이어졌다. 2014년부터 많은 사람이 다시 결혼하지 않기 시작했고, 이

─────── 서울·경기 10～11년차 부부와 서울 아파트 시세 증감률 추이

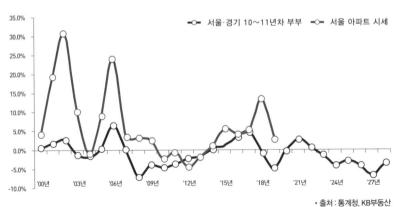

• 출처 : 통계청, KB부동산

70

는 2024년 이후 10~11년차 부부의 감소로 나타날 것이다.

2017년부터 줄곧 이어진 규제가 주로 다주택자들에게 집중됐기 때문에 서울의 다주택자 수는 2017년을 정점으로 감소하기 시작했다. 그리고 이는 서울에 투자 수요가 줄어들고 있고 이를 실수요가 대체하고 있다는 것을 의미한다. 첫 아이가 초등학교에 입학할 무렵인 서울·경기 10~11년차 부부는 서울 아파트의 대표적인 매매 실수요층이므로 실수요가 투자 수요를 대체하고 있는 시장 환경에서 이들의 증감이 시장에 미치는 영향은 매우 크다. 그런데 이들이 2024년부터 큰 폭으로 줄어든다. 이는 서울 아파트 값이 2023~2024년 정점에 달하고 그 이후에 조정장에 들어설 것으로 전망케 하는 두 번째 요소다.

"서울의 대표적인 매매 실수요층이 2024년부터 급감하기 시작한다."

GTX 개통(2024~)

철도 건설은 택지 공급의 측면을 띤다. 새로운 철도망이 생겨 일할 곳이 많은 대도시로의 통근이 편해지면 이는 도시의 면적이 확대된 것과 같은 효과를 갖기 때문이다. 새로운 철도 개통으로 출퇴근 시간이 대폭 줄어들면 도시가 상당히 먼 곳에 있어도 새로운 역세권 단지들은 서울 생활권에 편입된다. 서울의 범위가 넓어지는 것이다.

그런 측면에서 GTX와 신안산선은 남다른 의미를 지닌다. GTX와 신안산선의 개통은 서울 생활권의 확대로 인해 주거 수요를 분산시킬 수 있다. 특히 전세가에 영향을 줄 것으로 보이는데 그중에서도 서울 주요 업무지구로의 접근성이 획기적으로 개선되는 수도권의 주거 가치가 크게 올라간다.

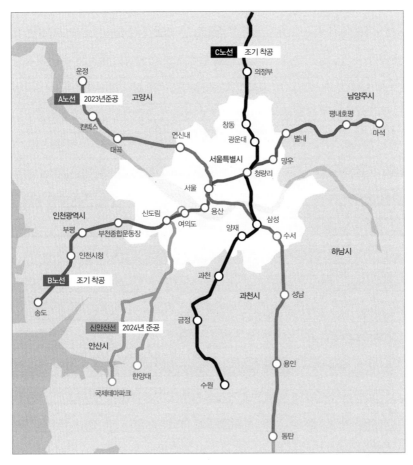

• 출처 : 국토교통부

그렇다면 서울 주택 수요의 분산을 초래할 GTX와 신안산선이 언제 개통될지가 관건이다. GTX-B와 C는 언제 개통될지 예측하기 어려우나 GTX-A와 신안산선은 2024~2025년 개통이 유력하다. 두 노선은 이미 착공한 데다 각종 공사 발주 내역에 명시된 공기 60개월을 고려하면 2024~2025년에는 개통될 거라 보는 것이 타당하다. 강남구 청담동 주민들이 GTX-A 통과를 위해 대심도 터널을 뚫을 경우 지반 침하와 건물 균열 등으로 거주지의 안전에 심각한 문제가 생길 수 있다고 강하게 반대했으나 서울시 행정심판위원회가 강남구청의 굴착 허가 거부를 부당하다고 판결하면서 전 구간 공사가 가능해졌다. 이로 인해 2024~2025년 개통 가능성은 매우 커졌다. GTX-A와 신안산선의 개통은 2024년부터 서울 부동산에 하방 압력을 주는 또 하나의 요소다.

"2024~2025년 GTX-A와 신안산선 개통은 서울 주택 수요의 분산을 초래한다."

풀려나오는 주택임대사업자 물량(2026~)

2017년 시행된 8.2 대책은 아이러니하게도 이후 서울 아파트의 대세 상승에 실마리를 제공했다. 다주택자 양도세 중과 및 주택임대사업자 혜택이 매물 잠김 효과를 초래했기 때문이다. 그러나 각종 세제 혜택으로 인해 급증한 주택임대사업자의 존재는 임대등록기간 종료 후 매물이 일제히 풀리게 하는 양면의 칼과 같은 요소다. 각종 세제 혜택을 등에 업은 매도 물량이 대거 시장에 나올 수 있다는 이야기다.

주택임대사업자가 등록한 임대주택(등록임대주택) 호수 추이를 그래프로 그려보았다(74페이지). 보다시피 2015년 이후 상당수가 등록됐다. 등록임대주택 수를 8년간 매물 잠김이 발생한 주택 수라고 봤을 때 2015년부터 증가한 임대주택은 2023년부터 매물로 나올 수 있는 물량이 많다는 것을 의미한다. 즉,

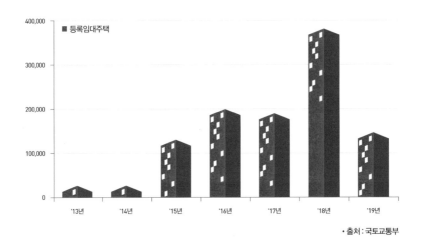

■ 등록임대주택

'13년 '14년 '15년 '16년 '17년 '18년 '19년

• 출처 : 국토교통부

2023년부터 차익을 실현하기 위해 시장에 나올 물건은 늘어날 것이다. 그리고 8.2 대책 영향으로 2018년 급증한 임대주택은 2026년부터 매물로 나올 수 있는 물량이 매우 많다는 의미로도 연결된다. 그동안 서울 아파트의 상승을 견인해온 일각인 등록임대주택 물량이 8년 후 부메랑으로 돌아오는 순간이다.

주택의 가격을 결정하는 수요와 공급에서 공급은 주택의 입주 물량과 교통망의 개통 외에 매물이 나올 수 있는 환경도 큰 비중을 차지한다. 2023~2024년까지 상승장이 펼쳐진다면 임대등록기간 종료 후 부과되는 세금 부담을 피하고 시세 차익을 실현하기 위해 주택임대사업자가 매물로 내놓는 양이 상당할 것이다.

"2023년부터 풀릴 주택임대사업자의 매물은 2026년 정점에 달한다."

3기 신도시 입주 개시(2026~)

그동안 3기 신도시가 서울 부동산에 별 영향을 미치지 못한다는 의견들도 많았다. 서울 자체적인 공급이 아닌 신도시 공급으로는 서울의 주택 수요를 분산하는 데 한계가 있다는 지적들이다. 그러나 내 생각은 다르다.

지난 과거를 돌이켜보면, 1기 신도시 입주 기간에 서울 아파트 시장은 5년간(1991~1995년) 조정을 겪었으며 2기 신도시인 판교와 광교가 입주했던 기간에도 서울 아파트 시장은 조정장이었다. 신도시는 서울 아파트 수요의 분산을 초래했다는 점이 1기, 2기 신도시 사례에서 확인된다. 따라서 3기 신도시 역시 서울 부동산에 하방 압력을 줄 것이라는 판단이 가능해진다.

수도권의 입주 물량이 서울 부동산에 타격을 준다는 사실은 데이터로도 증명할 수 있다. 2011년부터 2019년까지의 기간에 걸쳐 서울과 인천, 경기 각 지역의 입주 물량과 전세 시세 상승률을 비교해봤더니 상관계수가 각각 −0.26, -0.12, -0.72로 특히 경기가 음(陰)의 상관관계가 깊었다. 서울 아파

수도권 입주 물량과 서울 전세 시세 상승률 추이

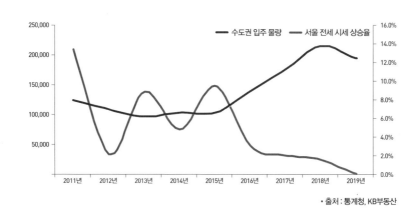

• 출처 : 통계청, KB부동산

트 입주 물량과 서울 아파트 전세 시세 상승률 간 상관계수는 −0.26이므로 무의미한 수준은 아니나 상관관계가 매우 깊다고는 볼 수 없었는데 수도권 전체의 입주 물량과 서울 전세 시세 상승률을 비교해봤더니 상관계수가 −0.63으로 훨씬 깊은 상관관계가 나왔다.

상관계수의 절대값이 0.5를 넘기면 통계적으로도 유의미하다고 보기 때문에 −0.63 정도면 충분히 유의미한 상관관계로 판단된다. 수도권 전체의 입주 물량이 서울 전세가에 크게 영향을 미친다는 결론을 내릴 수 있다.

따라서 3기 신도시 역시 입주 시 서울의 전세가에 큰 영향을 미쳐 매매가에도 간접적인 하방 압력을 제공할 것이다.

또 한 가지 재미있는 사실을 발견했다. 개인적인 호기심으로 수도권 전체의 입주 물량과 1년 후 서울 아파트 전세 시세 상승률을 비교해봤더니 상관계수가 −0.69였다. 이는 무엇을 의미할까?

수도권의 입주 물량이 1년 후 서울의 전세가에 더 큰 영향을 미친다는 뜻으

수도권 입주 물량과 1년 후 서울 전세 시세 상승률 추이

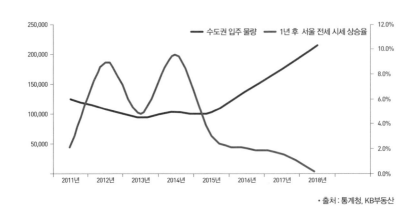

• 출처 : 통계청, KB부동산

로, 수도권의 입주 물량이 많아질 경우 그 여파는 1년 후 서울의 전세가에 영향을 미친다. 3기 신도시가 2026년부터 입주를 시작한다면 서울에 대한 여파는 2027년부터 본격화될 것으로 전망한다.

그렇다면 3기 신도시는 언제쯤 입주를 시작할까? 2026~2027년부터 입주를 시작할 것으로 예상된다. 2기 신도시에서 그 힌트를 찾았다.

그림에서 보다시피 판교, 광교, 위례는 지구 지정된 지 7~8년 만에 입주를 시작했다. 3기 신도시 17만 3,000호 중 남양주 왕숙(6만 6,000호), 하남 교산(3만 2,000호), 인천 계양(1만 7,000호)은 2019년 10월, 고양 창릉(3만 8,000호)은 2020년 3월, 부천 대장(2만 호)은 2020년 5월 지구 지정을 끝냈다.

2기 신도시인 판교, 광교, 위례가 지구 지정된 지 7~8년 만에 입주를 시작한 사실을 통해 추정해보면 2019~2020년에 지구 지정된 3기 신도시는 2026~2027년을 전후해 입주를 시작할 것으로 보인다. 해당 기간 3기 신도시의 입주는 2023~2024년부터 시작될 서울 부동산 하락장에 마지막 박차를 가하게 할 것이다. 물론 정부 계획대로 3기 신도시의 절반 이상을 임대 주택으로 채울 경우 서울 아파트 매매 수요의 분산 효과는 떨어질 것이다. 그러나 전세 수요의 분산은 확실하므로 매매가에 대해서도 간접적인 하방 압력은

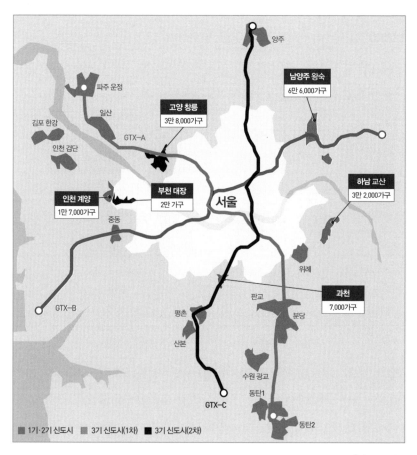

* 출처 : 국토교통부

가할 것으로 본다.

"서울 중장기 하락의 마지막 퍼즐,

3기 신도시는 2026~2027년부터 입주 예정이다."

역대 최대를 갱신하는 PIR

PIR이라는 지표가 있다. Price to Income Ratio의 약자로, 수입 대비 집값을 뜻한다. 이는 가구 소득 대비 주택 가격의 적정성을 나타낼 때 사용하는 지수다.

가령 A 지역의 PIR이 7이라면 A 지역의 중간 소득계층이 7년 동안 소득을 한푼도 쓰지 않고 모두 모아야 A 지역의 중간가격 주택을 살 수 있다는 의미다. 그렇다면 서울 아파트의 PIR은 현재 어느 정도일까?

2020년 3분기 기준 서울 아파트 PIR은 12.2다. 서울의 중간 소득계층이 12.2년간 한푼도 안 쓰고 모아야 서울의 중간 가격대 아파트를 살 수 있다는 뜻이다. 서울 아파트 PIR 전고점은 2009년 3분기 8.7이었는데 7년만인 2016년 1분기에 9.0을 기록해 전고점을 돌파했다. 이후 계단식 상승을 거듭해 2020년 3분기 12.2까지 이르렀다. 게다가 2021년 서울 부동산이 큰 폭으로 상승할 경우, PIR 역시 추가 상승할 것이다. 그리고 이는 전고점 8.7과 비교해도 무려 50% 이상 더 올라가는 압도적인 수치를 기록해 아무리 저금리로 대출을 받더라도 가구 소득이 수용할 수 없는 범위다.

그뿐이 아니다. 한국감정원의 매입자 연령대별 아파트 매매 현황에 따르면 2019년 서울 아파트 매매 건수 7만 1,724건 중 2만 691건, 즉 29%를 30대가 매입한 것으로 확인됐다. 이는 50~70대는 물론(50대 1만 3,911건, 60대 7,815건, 70대 3,809건), 40대(2만 562건)마저 앞지른 수치로 30대가 서울 아파트를 가장 많이 매수한 연령대로 드러났다. 30대가 주택 구입 여력이 충분한 세대라면 문제가 없겠지만 실상은 그렇지 않았다.

서울시 주택자금조달계획서에 따르면 서울 주택을 매수할 때 차입 비율은 40대는 24%, 60대 이상은 12%를 기록했는데 30대는 무려 55%로 드러났

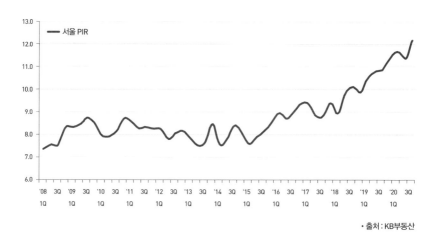

• 출처 : KB부동산

다. 평균 5억 5,000만 원의 집을 장만하면서 평균 3억 원의 빚을 낸 것이다. 원래 서울에 집을 사는 주요 연령층이 40대였음을 고려하면 현재의 30대는 다른 연령대에 비해 비교적 무리하게 집을 사고 있는 것이며 이는 미래 수요까지 끌어쓰는 개념이 되므로 서울의 지속적 상승에 걸림돌이 된다.

"2021년 급등은 가구 소득이 수용 가능한 임계치에 빠르게 다가가게 할 것이다."

이제 정리해보자.

서울 아파트에 대한 하방 압력은 1파와 2파로 나뉜다. 우선 2023~2024년 서울 아파트에 입주 물량의 쓰나미가 몰려온다. 그리고 2024년부터 서울 아파트의 대표적인 실수요층인 서울·경기 10~11년차 부부가 줄어들기 시작하는 데다 서울 아파트 수요를 분산시킬 GTX-A와 신안산선이 개통된다. 이러한 1파 압력에도 불구하고 크게 올라가는 전세가율로 인해 서울 부동산의 하락폭은 미미할 수 있다. 그러나 2026년 막대한 등록임대주택 물량이 시장에 나오고 덩달아 3기 신도시 입주가 시작되는 2파 압력으로 서울 부동산을 지탱하는 힘은 붕괴할 것으로 보인다.

이러한 요소들과 더불어 과거 어느 때보다 커진 소득 대비 집값(PIR)과 미래수요(30대)까지 끌어쓴 서울 부동산은 상당히 길고도 깊은 골을 겪게 될 것이다.

화폐가치 하락에 큰 비중을 두지 마라

많은 이들이 부동산 상승의 근거로 '화폐가치 하락'을 이야기한다. 돈이 많이 풀리면 돈의 가치가 떨어지고 이로 인해 가치가 떨어지는 돈을 가지고 있기보다는 부동산과 같은 실물 자산을 쥐고 있는 게 유리하다는 주장이다. 과연 그럴까? 실제로 돈이 얼마나 풀려왔는지 데이터를 통해 알아보자.

1987년부터 2019년까지 연도별 통화량(M2) 증가율을 그린 그래프다. 1987년부터 1999년까지의 통화량 증가율을 보면 최근과 비교했을 때 얼마나 많이 돈이 풀렸는지 확인할 수 있다.

화폐가치 하락에 따른 실물 자산 가치 증대를 주장한다면 엄청난 증가율로 돈이 풀린 1987년부터 1999년까지 집값은 폭등했어야 맞다. 그런데

연도별 통화량(M2) 증가율

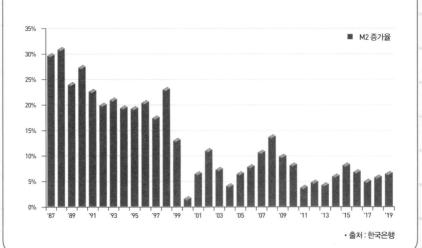

• 출처 : 한국은행

알다시피 1991년부터 1995년까지 서울 부동산은 중장기 하락장의 길을 걸었다. 무슨 일이 있었길래 저렇게 돈이 풀렸음에도 불구하고 집값은 떨어졌을까?

앞서 이야기했듯이 1기 신도시 입주가 시작되었기 때문이다. 따라서 돈이 풀려 화폐가치가 하락한다고 해서 집값이 반드시 오른다고 보기는 어렵다. 화폐가치 하락은 부동산과 같은 실물 자산 가치의 장기 우상향 근거는 될 수 있으나 단기 상승 근거로는 충분하지 않다.

앞 페이지에 있는 그래프에서 보다시피 통화량은 단 한 번도 줄지 않고 증가하기만 했는데 과거 34년간 서울 부동산은 24년을 상승했고 10년을 하락했다. 집값을 전망할 때 통화량 외에도 수요와 공급을 눈여겨봐야 하는 이유가 여기에 있다.

5장

2023년 이후,
포스트 서울을 찾아라

 2023~2024년 정점을 찍고 서울 부동산이 중장기 하락장에 접어든다면 그동안 유망한 부동산, 즉 포스트 서울을 찾아야 한다. 앞서 2장에서 서울만이 기회의 땅은 아니며 6대 광역시에서 포스트 서울을 찾아야 한다고 언급했다. 서울과 광역시의 부동산이 같은 방향으로 움직였다면 포스트 서울을 광역시에서 찾는 것이 무의미할 수 있겠으나 그렇지 않다는 데에 기회가 있다. 따라서 2023~2024년 전후로 서울의 상승장이 끝난다면 그 바통을 이어받을 것으로 보이는 6대 광역시 중에서 포스트 서울을 미리 점찍어두는 작업이 필요하다.

 우선 6대 광역시의 경제 상황을 살펴보자. 이는 앞서 언급한 바 있는 GRDP로 설명하도록 하겠다.

 다음 페이지에 있는 표는 서울의 GRDP 대비 광역시별 GRDP 비중 추이를

	2010	2011	2012	2013	2014	2015	2016	2017	2018
부산	21.3%	21.0%	21.3%	21.5%	22.1%	22.3%	22.1%	21.7%	21.2%
대구	13.0%	13.1%	13.4%	13.8%	13.9%	14.0%	13.7%	13.6%	13.4%
인천	20.2%	19.7%	19.9%	20.4%	21.3%	21.6%	21.9%	21.9%	20.9%
광주	8.9%	8.8%	8.9%	9.2%	9.4%	9.4%	9.5%	9.3%	9.4%
대전	9.6%	9.7%	9.8%	9.9%	10.0%	10.0%	10.2%	10.0%	9.8%
울산	19.5%	21.0%	20.9%	20.9%	20.0%	19.7%	19.3%	18.7%	17.9%

• 출처 : 한국은행

나타낸 것이다. 서울과 비교했을 때 각 지역의 경제 상황이 어떤지를 보여준다. 가령 표에서 2011년 부산이 21.0%로 표기되어 있는데, 이는 2011년 부산의 경제 규모가 서울의 21.0% 수준이라는 의미다.

2010년 이래 서울의 GRDP 대비 광역시별로 가장 높은 비중을 보인 해를 회색, 가장 낮은 비중을 보인 해를 붉은색으로 표기했다. 이를 보면 광역시 중 어디가 성장세이고 하락세인지 알 수 있다.

2010년부터 2018년까지 가장 높은 성장세를 보인 광역시는 인천이다. 2010년에 서울의 20.2% 수준이었던 인천의 경제 규모는 2018년 20.9%까지 늘어났다. 2017년에는 부산을 잠시 제치고 우리나라 제2의 경제 규모를 자랑하는 도시로 등극할 만큼 인천의 성장세는 가팔랐다. 1992년 중국과 수교 이후 우리나라의 교역축이 서진(西進)한 수혜를 인천이 톡톡히 봤다고 할 수 있다.

우리나라 제2의 도시인 부산은 2011년 서울의 21.0% 수준 경제 규모에서 2015년 22.3%까지 성장하다가 최근 가파르게 하락하고 있다. 대구 역시 비슷한 추이를 보이는데 2010년 13.0%에서 2015년 14.0%까지 오르다가 2016년부터 다시 하락세다. 그나마 부산보다 하락폭이 줄었다.

광주, 대전은 상대적으로 안정적인 추이를 보이는 가운데, GRDP 추이로 볼 때 경제 상황이 가장 좋지 않은 광역시는 울산이다. 2011년 21.0%를 정점으로 잠시 부산을 추월하기도 한 울산은 그 이후 꾸준히 하락하면서 2018년에는 17.9%를 기록했다. 조선업 부진의 타격이 고스란히 지표에 나타나고 있는 것으로 울산 경제의 반등은 조선업에 달려 있다고 해도 무방하다. 2020년 들어 대규모 LNG선 발주로 한숨을 돌린 조선업이지만 지속적인 회복 여부는 두고봐야 한다.

각 광역시의 경제 상황을 간략하게 살펴봤다면 이제 광역시별 부동산 상황을 살펴보고 포스트 서울이 어디인지 알아보자. 서울과 마찬가지로 매매·전세지수, 주택구입부담지수, 입주 물량 전망 등을 분석 도구로 삼았다.

부산

우선 부산의 매매·전세지수를 확인해보자. 서울과 마찬가지로 부산의 2015년 6월의 매매·전세 시세를 각각 100으로 전제하고 2020년 3분기까지 그 추이를 그려보았다. 광역시의 4분기 급등이 반영되지 않았으나 여전히 서울의 버블 수준에는 못 미치므로 대세에 지장은 없다.

대부분의 광역시가 비슷한 흐름을 보인다. 1991년까지 급등하다가 1998년까지 큰 폭의 하락장을 겪고 1999년부터 2003년까지 상승장을 맞이하는

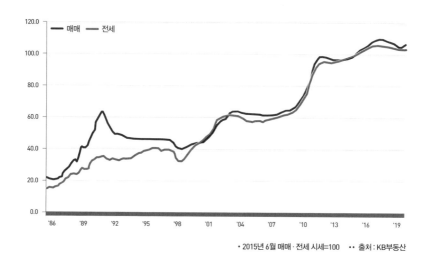

• 2015년 6월 매매·전세 시세=100   •• 출처 : KB부동산

모습은 서울과도 유사하다. 그리고 2004년부터 2007년까지 서울의 급등과 다른 보합 장세를 겪다가 2008년 글로벌 금융위기가 터졌음에도 불구하고 서울과의 격차를 일거에 메우려는 듯 2011년까지 거침없는 폭등 장세를 맞이했다. 이후 2015년까지 서울과 보폭을 맞추는 상승장이었다가 2017년 8.2 대책 이후 서울과 다시 격차가 벌어진다.

서울과 부산의 가장 큰 차이점은 서울이 매매지수와 전세지수 간 격차가 벌어졌다 좁혀지는 과정을 반복하면서 버블 역시 커졌다 작아지는 모습이라면, 부산을 비롯한 대부분의 광역시는 2000년 이후 매매지수와 전세지수 간 차이가 거의 없이 등락을 함께한다는 것이다.

차이점이 시사하는 바는 크게 두 가지다. 첫째, 서울에는 전국적인 투자 수요가 몰리다 보니 버블 크기(매매지수와 전세지수의 차이)가 상대적으로 클 수밖에

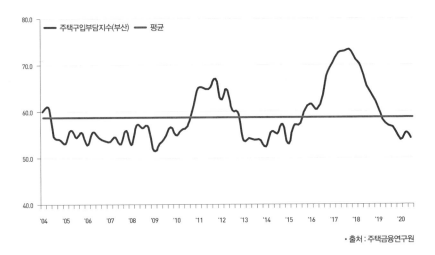

• 출처 : 주택금융연구원

없는 반면, 6대 광역시는 상대적으로 버블 크기가 작은 안정적인 시장이다.

둘째, 6대 광역시는 매매지수와 전세지수가 함께 움직이는 시장이기 때문에 전세가에 영향을 가장 많이 주는 입주 물량 분석이 향후 장세를 전망하는 데 크게 도움이 된다.

두 가지 시사점으로 볼 때, 부산 역시 주택구입부담지수를 통해 현재의 소득과 금리 대비 집값의 고평가 여부를 판단하고, 향후 입주 물량을 전망함으로써 수급 부담을 추정하고자 한다.

다음으로 2004년 1분기부터 2020년 3분기까지의 부산 주택구입부담지수 추이를 보자. 2020년 3분기 기준 주택구입부담지수는 54.2로 16년간 평균 58.8 대비 92% 수준이다. 2017년 4분기 73.5를 정점으로 급락한 부산의 주택구입부담지수는 뒤에 나오는 다른 광역시보다도 가파르게 하락했고, 그

	2011	2012	2013	2014	2015	2016	2017	2018	2019	2020 ~10월
착공	23,031	19,854	13,461	23,185	24,656	26,577	31,304	28,753	27,022	22,036
인허가	20,403	27,120	20,445	11,753	27,348	30,163	40,690	30,938	14,188	9,033

• 출처 : 통계청

덕분에(?) 현 지수는 중장기 평균을 봤을 때 저평가된 수준일 뿐 아니라 과거 최저점인 51~53과도 별 차이가 없을 정도로 매력적인 가격대다. 4분기 급등이 반영된다 하더라도 다른 광역시도 순차적으로 급등했기 때문에 상대적인 매력도는 여전하다.

착공·인허가 물량은 어떨까.

착공 물량은 향후 2~3년내 입주 부담으로 이어져 단기 물량 부담을 평가하기에 적합하고, 인허가 물량은 앞으로 2~3년보다 더 미래의 물량을 추정할 수 있다. 2011년부터 2019년까지 9년간 연평균 착공 물량은 2만 4,205호였는데 2017~2019년의 착공 물량은 모두 2만 7,000호 이상으로 향후 2~3년간은 물량 부담이 어느 정도 있을 것으로 보인다. 그러나 인허가 물량이 2019년부터 크게 감소하고 있어 2023년 이후 물량 부담은 상당히 줄어들 가능성이 크다.

매매지수와 전세지수가 함께할 가능성이 큰 광역시 특성상, 부산의 향후 입주 물량은 매매가에도 다소 부담이 되는 수준이다. 그러나 인허가 물량이 감소하고 있고 가격대가 중장기 평균 대비 저평가되어 있는 상황이므로 2023년 전후해서 서울 부동산의 매도 이후 진입을 고려해볼 수 있겠다.

대구

대구도 부산과 비슷하게 1991년까지 급등하다 1998년까지 장기간 조정장을 겪었다. 그러나 부산보다 길게 2007년까지 상승장을 이어갔다. 다른 광역시와 마찬가지로 서울보다 상승세가 미약했던 관계로 2010년부터 2016년까지 굉장한 폭등세를 보여줬으나 이후 조정장에 진입했다. 역시 2011년부터 매매지수와 전세지수가 동행하는 모습이다. 대구도 향후 입주 물량이 중요한 이유다.

다음으로 2004년 1분기부터 2020년 3분기까지의 대구의 주택구입부담지수 추이를 보자. 2020년 3분기 기준 주택구입부담지수는 60.3으로 16년간 평균 61.2 대비 99% 수준이다. 중장기 평균을 소폭 밑돌고 있는데 부산보다는 높다. 게다가 부산과 달리 여전히 과거 최저점과의 큰 차이가 있다. 즉, 부산보다는 덜 매력적인 가격대로 판단할 수 있다.

대구 아파트 매매 · 전세지수

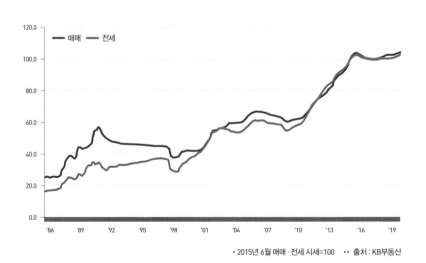

• 2015년 6월 매매 · 전세 시세=100　•• 출처 : KB부동산

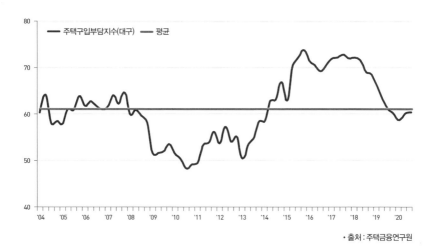

· 출처 : 주택금융연구원

　　게다가 대구의 향후 물량 부담 수준은 상당하다. 9년간 연평균 착공 물량이

1만 6,676호인데 2018년 2만 2,044호, 2019년 2만 7,164호에 이어 2020

년 10월까지 2만 9,710호가 착공돼 2023년까지 물량 부담이 크다. 중장기

공급 부담이 될 인허가 물량 역시 적지 않다. 9년간 연평균 인허가 물량은 1만

	2011	2012	2013	2014	2015	2016	2017	2018	2019	2020 ~10월
착공	4,306	11,290	21,675	24,586	15,156	13,069	10,792	22,044	27,164	29,710
인허가	9,348	9,872	15,331	15,638	23,379	20,491	29,526	33,638	26,675	21,775

· 출처 : 통계청

8,696호다. 2017년 이후 연평균 3만 호에 육박하는 물량이 인허가를 받았고 2020년 10월까지의 인허가 물량도 적지 않다. 단기 구간뿐 아니라 중장기 구간도 상당한 물량 부담에 시달릴 것이다.

대구는 중장기 평균 대비 저평가돼 있으나 과거의 저점보다는 상당히 높은 수준이다. 게다가 향후 입주 물량도 단기, 중장기 모두 부담되는 규모이므로 지금 진입할 만한 곳은 아니다.

인천

인천의 매매·전세지수는 다른 광역시와 달리 서울과 비슷한 궤적을 그리고 있다. 지리적으로 서울과 가장 인접한 광역시이기 때문이다. 1991년까지 급등, 1998년까지 조정장, 2009년까지 최장기간 상승, 2013년까지 조정장 이후 반등까지 서울과 비슷한 추이로 움직이고 있다. 매매지수와 전세지수의 갭 역시 큰 폭으로 확대되었다가 2015년 이후는 별 차이 없이 함께 움직이는 모습이다. 서울과 비교했을 때 현재의 매매 시세에 큰 버블은 없다고 판단할 수 있다.

인천의 주택구입부담지수는 어떨까.

2020년 3분기 기준 인천의 주택구입부담지수는 56.9로 16년간 평균 64.1 대비 89% 수준이다. 중장기 평균 대비 굉장히 저평가된 셈인데 이는 6대 광역시 중 가장 낮은 수준이다. 게다가 부산과 마찬가지로 과거 저점인 50과도 큰 차이가 없다. 이는 당장 진입해도 위험이 낮다고 평가해볼 수 있는 대목이다.

물량 부담을 살펴보면 상황이 달라진다. 9년간 연평균 착공 물량은 1만

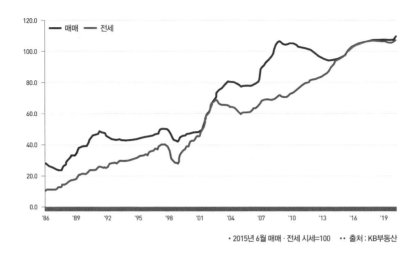

• 2015년 6월 매매·전세 시세=100 •• 출처 : KB부동산

5,241호다. 그런데 2018년 2만 7,712호, 2019년 4만 518호로 평년 대비 매우 많은 물량이 착공됐고 2020년 10월까지 2만 7,632호로 상당한 수준이다. 9년간 연평균 인허가 물량도 2만 2,260호인데 반해, 2018년 3만 4,538호, 2019년 3만 9,274호가 인허가돼 중장기적으로도 부담스럽다. 10월까지 인허가 물량이 1만 4,547호에 불과하긴 하나 당장 향후 2~3년간 입주 물량이 상당한 수준이다.

이 물량을 소화할 만한 수요가 있는지가 인천 부동산의 최대 관건이라 할 수 있다. 게다가 가파르게 오르던 GRDP 성장세가 2018년에 꺾였기 때문에 앞으로의 상황을 세심하게 지켜볼 필요가 있다.

인천의 가격대는 6대 광역시 중 가장 저평가되어 있다. 그러나 향후 물량 부담은 단기, 중장기 모두 가장 크다. 인천 경제는 중국 수교 이래 상대적으로

• 출처 : 주택금융연구원

높은 성장세를 보이고 있으나 물량 부담을 소화할 수 있을지는 미지수다. 따라서 인천에 관심이 많은 사람에게는 착공 물량이 줄어드는 것을 확인하고 진입하는 것을 추천한다.

인천 아파트 착공·인허가 물량

	2011	2012	2013	2014	2015	2016	2017	2018	2019	2020 ~10월
착공	7,525	7,995	7,801	5,207	22,947	8,561	8,900	27,712	40,518	27,632
인허가	25,113	26,698	14,373	7,943	22,207	14,478	15,719	34,538	39,274	14,547

• 출처 : 통계청

광주

광주는 부산, 대구와 좀 다른 움직임을 보여왔다. 1991년까지 급등 이후 조정장을 겪지 않고 보합세를 유지하다가 1998년 IMF 이후 부진한 모습이다. 즉, 매매 시세의 조정장이 다른 광역시보다 상대적으로 길었다. 그리고 다소 늦은 2002년부터 점진적인 상승세를 보이다가 2011~2016년에 급등했고 그 이후도 상승세를 지속해왔다.

2011년부터 별다른 출렁거림 없이 장기간 상승을 지속한 탓일까? 광주의 2020년 3분기 기준 주택구입부담지수는 42.9로 16년간 평균 40.3 대비 106% 수준이다. 6대 광역시 중 상대적으로 고평가된 가격대라 할 수 있다. 과거 고점(49)과 차이가 크지 않고, 과거 저점(31~33)과 차이가 나는 상황이므로 매수를 결정하기에는 부담스러운 가격대인 셈이다.

향후 광주의 물량 부담은 어떨까.

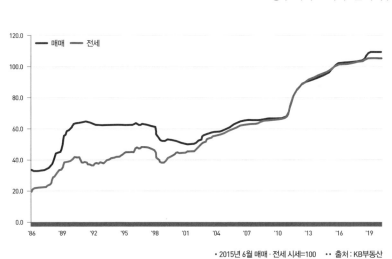

광주 아파트 매매 · 전세지수

• 2015년 6월 매매 · 전세 시세=100　•• 출처 : KB부동산

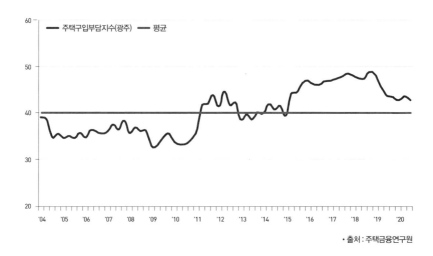

• 출처 : 주택금융연구원

9년간 연평균 착공 물량은 1만 1,732호다. 2018년에는 6,897호가 착공돼 매우 적은 수준이었다. 2019년에는 1만 4,206호가 착공됐으나 2년간 평균으로 보면 9년간 평균과 별 차이가 없으므로 물량 부담은 크지도 작지도 않다고 볼 수 있다.

9년간 연평균 인허가 물량이 1만 4,243호인데 반해, 2018년 1만 3,049호,

광주 아파트 착공·인허가 물량

	2011	2012	2013	2014	2015	2016	2017	2018	2019	2020 ~10월
착공	6,659	17,742	5,527	12,751	7,952	15,374	18,481	6,897	14,206	8,588
인허가	13,601	15,923	5,682	9,230	12,901	21,474	18,654	13,049	17,671	8,628

• 출처 : 통계청

2019년 1만 7,671호로 다소 많은 수준이다. 그러나 이 역시도 다른 광역시와 비교했을 때 많다고 할 수는 없다. 다만 2020년 10월까지의 착공·인허가 물량이 다소 적은 수준이라는 점은 2023년 이후 광주의 물량 부담이 많이 줄어들 가능성을 시사한다.

광주는 6대 광역시 중 비교적 고평가돼 있는데 향후 물량 부담은 단기, 중장기 모두 평균보다 조금 큰 수준이다. 상당히 긴 시간 동안 상승을 지속했기 때문에 고평가된 가격대가 부담스러운 상황이다. 게다가 향후 물량 부담도 조금 크다.

지금은 광주의 진입을 논할 시점이 아니다. 그러나 2023년 이후 광주의 물량 부담이 상당히 줄어들 가능성이 있으므로 계속 관심을 가지고 지켜보는 것이 좋겠다.

대전

대전은 1991년부터 1992년까지의 급락을 제외하고는 큰 폭의 조정을 겪지 않은 독특한 지역이다. 심지어 IMF 외환위기 당시에도 집값이 크게 하락하지 않은 유일한 곳이다. 그만큼 실수요가 탄탄한 시장이라고 할 수 있다. 낙폭이 큰 조정장은 없었지만 2001년부터 2004년까지, 2010년부터 2012년까지 급등했고 급등 이후에는 큰 폭의 조정 없이 보합 장세다. 그리고 2019년 하반기 들어 6대 광역시 중 가장 오르고 있는데 그 이유는 다음 데이터로 설명할 수 있다.

먼저 대전의 주택구입부담지수 추이를 눈여겨볼 필요가 있다. 2020년 3분기 기준 주택구입부담지수는 58로 주택 가격이 계속 오름에 따라 16년간 평

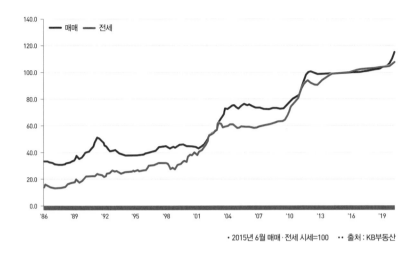

• 2015년 6월 매매·전세 시세=100 •• 출처 : KB부동산

균 53.7 대비 108%까지 상승한 상황이다. 원래 인천 다음으로 저평가된 곳이었는데 이제는 가장 고평가된 상태까지 올라갔다. 2019년에는 인천과 더불어 가장 저평가된 지역이었으나 2019년 하반기부터 계속된 급등으로 더는 저평가되었다고 말하기 힘들다.

주택구입부담지수는 6대 광역시 중 가장 고평가돼 있으나, 향후 물량 부담은 그리 부담되는 수준이 아니다. 9년간 연평균 착공 물량이 7,937호로 2018년 6,671호, 2019년 1만 451호가 착공돼 평균 대비 크게 많은 수준은 아니며 2020년 10월까지 6,834호의 물량 역시 적은 편이다. 다만 9년간 연평균 인허가 물량은 8,470호였는데 2019년 1만 6,801호, 2020년 10월까지는 1만 2,123호가 인허가돼 중장기 물량 부담은 크다.

대전은 현재 물량 부담은 그리 크지 않은 데다 계속 급등한 것치고는 매매

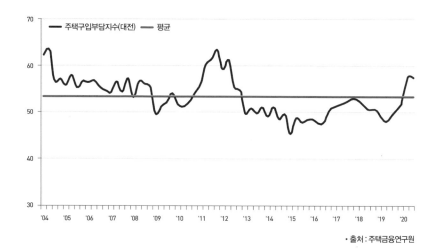

• 출처 : 주택금융연구원

대전 아파트 착공 · 인허가 물량

	2011	2012	2013	2014	2015	2016	2017	2018	2019	2020 ~10월
착공	12,714	5,572	6,129	5,754	8,018	8,053	8,073	6,671	10,451	6,834
인허가	17,612	4,249	3,794	3,475	5,904	11,287	8,280	4,824	16,801	12,123

• 출처 : 통계청

지수와 전세지수의 갭이 크게 벌어져 있지 않다. 그러나 6대 광역시 중 가격대
가 가장 고평가돼 있어 당분간은 관망하는 것이 좋겠다.

울산

울산의 매매·전세지수는 과거 30년 이상을 돌아봐도 매매와 전세의 차이가 크게 나지 않는다. 조선업과 자동차 산업에 근간을 둔 탄탄한 지역 경제로 인해 주거 실수요가 풍부했기 때문이다. 2001년부터 2004년까지 서울 및 6대 광역시 중 유일하게 전세지수가 매매지수를 상회하는 구간도 있다. 울산은 그 이후에도 가장 긴 기간 동안 매매지수와 전세지수가 유사하게 움직인 유일한 지역이다. 즉, 가장 거품이 적은 곳이라고 할 수 있다. 그러나 향후 조선업 업황 및 입주 물량에 많은 영향을 받을 수밖에 없다.

울산의 주택구입부담지수는 부산과 마찬가지로 2017년 정점을 찍고 그야말로 급락을 거듭했다. 부산과 더불어 가장 큰 낙폭을 보였는데 그 결과, 2020년 3분기 기준 주택구입부담지수는 43.3으로 16년간 평균 44.3 대비 98% 수준이다. 주택구입부담지수로는 인천, 부산 다음으로 저평가된 곳이다.

울산 아파트 매매 · 전세지수

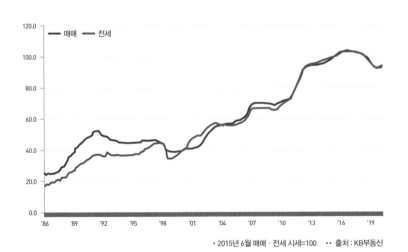

• 2015년 6월 매매 · 전세 시세=100   •• 출처 : KB부동산

울산의 향후 물량 부담은 독특한 양상을 띤다. 우선, 착공 물량을 살펴보자. 9년간 연평균 착공 물량이 7,290호인데 반해, 2018년 1,830호, 2019년 4,900호, 2020년 10월까지 3,941호로 2021~2023년 물량 부담은 매우 작을 것으로 보인다. 단, 2015년부터 2018년까지 연 1만 호 이상의 물량이 인허가됐다는 점은 매우 독특하다. 이는 곧 많은 물량이 인허가됐으나 조선업 부진에 따른 지역 경제 침체로 인해 실제 착공으로 이어지지 않았다고 해석할 수 있다. 따라서 지역 경제가 다시 반등할 경우 적체된 인허가 물량이 막대한 착공 물량으로 돌아올 가능성도 매우 크다.

울산의 가격대는 중장기 평균 대비 저평가돼 있고 단기적인 입주 물량 부담도 매우 작은 상태라서 외형적인 조건은 6대 광역시 중 매수하기 가장 적합하다. 그러나 앞서 GRDP 추이를 통해 확인했듯이 지역 경제가 여전히 침체된 상황이다. 지역 경제가 다시 살아난다 해도 막대한 물량이 착공될 가능성이

울산 주택구입부담지수 추이

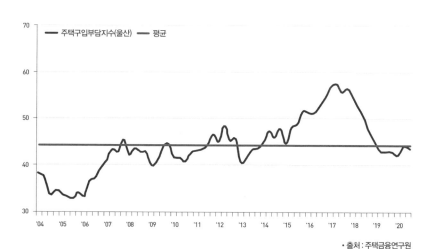

• 출처 : 주택금융연구원

	2011	2012	2013	2014	2015	2016	2017	2018	2019	2020 ~10월
착공	7,040	10,004	6,367	6,263	11,765	12,659	4,785	1,830	4,900	3,941
인허가	9,251	6,115	3,213	9,992	10,171	13,936	11,199	11,083	5,295	5,806

• 출처 : 통계청

커 단기 상승 가능성은 있으나 중장기적 전망에는 물음표가 붙는다.

현금 부자가 가장 많은 광역시

매매·전세지수, 주택구입부담지수, 착공·인허가 물량을 통해 광역시별로 투자 매력도를 따져보았다. 그런데 또 한 가지 봐야 할 것이 있다. 바로 '현금 부자'다. 현금 부자가 많은 지역이라면 그 지역의 아파트는 매수 여력이 크다고 할 수 있다. 물론 직접적인 비교는 곤란하다. 가령 아파트가 100채 있고 현금 부자가 20명 있는 A라는 지역과, 아파트가 50채 있고 현금 부자가 20명 있는 B라는 지역을 비교하면 아파트 한 채당 매수 여력이 상대적으로 더 있는 곳은 B 지역이라고 할 수 있다.

현금 부자라고 해서 모든 아파트를 선호하는 건 아닐 것이다. 그들이 사고 싶은 아파트는 비싼, 상품성이 있는 물건이다. 따라서 나는 지역별 10억 이상 금융자산 보유자와 상위 20% 아파트 세대수를 뽑고, 어느 지역이 매수 여력이 가장 높은지 살펴보았다.

일단 눈에 띄는 건 지역별 상위 20% 아파트의 평균 가격이다. 서울은 19억,

경기는 8억에 육박하고 있다. 광역시는 4억 후반대부터 6억 초반대까지 분포되어 있다. 생각보다 서울과 다른 지역의 격차가 매우 크다. 광역시의 상위 20% 아파트 평균 가격이 5억 중반대라는 사실은 무엇을 의미할까? 10억 이상 금융자산 보유자의 수가 더욱 큰 힘을 발휘할 것이라는 판단을 내릴 수 있다. 지역별 상위 20% 아파트 세대수도 뽑아봤는데 서울은 약 33만 채, 경기는 약 50만 채, 부산, 인천, 대구가 그 뒤를 잇고 있다.

이제 상황을 정리해보겠다. 지역별 10억 이상 금융자산 보유자 수를 상위 20% 아파트 수로 나눠보고, 이를 가리켜 '상위 구매력지수'라고 하겠다. 이 지표는 지역별로 상위 20% 아파트 한 채당 10억 이상 금융자산 보유자가 얼마나 있느냐를 의미한다. 가령 서울의 상위 구매력지수가 0.50이라면 서울 상위 20% 아파트 한 채당 10억 이상 금융자산 보유자가 0.50명이란 뜻이 된다. 왜

현금 부자가 많은 지역

	10억 이상 보유자 (천 명)	상위 20% 아파트 가격 (만 원)	상위 20% 아파트 수 (천 호)	10억 이상 보유자 수 /상위 20% 아파트 수
서울	162.4	188,619	327.4	0.50
경기	76.8	76,725	500.4	0.15
인천	10.4	55,128	115.5	0.09
부산	25.4	60,356	147.6	0.17
대구	16.1	59,223	101.8	0.16
대전	7.1	63,234	67.7	0.10
광주	5.5	54,143	75.3	0.07
울산	4.9	47,140	50.6	0.10

• 상위 20% 아파트 가격은 KB부동산 2020년 11월 기준   •• 출처 : KB경영연구소, 통계청

서울 집값이 비싼지 그 이유가 표에서도 확인되는 셈이다. '부자'가 서울에 많기 때문이다.

서울 외 다른 지역에서 가장 눈에 띄는 곳은 부산이다. 부산의 상위 20% 아파트 가격은 6대 광역시 중 대전 다음이다. 그런데 '상위 구매력지수'는 6대 광역시 중 가장 높다. 심지어 경기보다도 높다. 즉, 상위 20% 아파트 세대수 대비 현금 부자 비율이 서울 다음으로 높다는 의미다.

따라서 부산의 상위 20% 가격은 부산의 구매력(10억 이상 금융자산 보유자 수) 대비 상대적으로 저렴하다. 이는 부산 아파트가 저평가됐다는 결론으로 이어진다. 부산을 눈여겨봐야 하는 이유가 하나 더 생겼다.

포스트 서울은 어디인가?

6대 광역시를 정리해보면 다음과 같다.

집값과 금리, 소득을 토대로 현재의 집값이 과거 평균과 비교해 고평가인지

각 항목별 순위

	주택구입부담지수	단기 물량 부담	중장기 물량 부담	현금 부자 비율	합계
부산	2	4	1	1	8
대구	4	5	6	2	17
인천	1	6	4	5	16
광주	5	2	3	6	16
대전	6	3	5	3	17
울산	3	1	2	4	10

저평가인지 여부를 가려주는 '주택구입부담지수'는 인천, 부산, 울산, 대구, 광주, 대전 순으로 낮았다.

2018년부터 2020년 10월까지 착공 물량으로 본 '단기 물량 부담'은 울산, 광주, 대전, 부산, 대구, 인천 순으로 작았다.

그리고 2018년부터 2020년 10월까지 인허가 물량으로 전망한 '중장기 물량 부담'은 부산, 울산, 광주, 인천, 대전, 대구 순으로 작았다. 표로 조금 더 명확하게 표현해보겠다.

단순 계산이긴 하나 주택구입부담지수, 단기 물량 부담, 중장기 물량 부담, 현금 부자 비율의 6대 광역시 순위를 더해보면 포스트 서울로서의 투자처가 확연히 나타난다. 합계가 가장 낮은 지역일수록 종합적으로 저평가된 곳이라고 볼 수 있는데 부산이 가장 돋보인다. 따라서 나는 2023~2024년 전후로 서울을 매도한 후 최적의 투자처로 부산을 추천한다.

"모든 지표를 종합해보면 서울 이후 투자처는 '부산'이 가장 유망하다."

신도시의 역사를 통해 본 매수·매도 적기

신도시의 입주는 주변 부동산에 막대한 영향을 미친다. 이는 서울에도 예외가 아니다. 신도시가 주변 부동산에 미친 영향을 확인해보면 해당 지역의 매수·매도 타이밍을 알 수 있기에 이번 팁에서 소개하고자 한다. 이해를 돕기 위해 몇 가지 예를 들어보겠다.

① 판교 - 위례

서울 집값을 잡기 위해 2기 신도시가 발표됐는데 판교신도시와 위례신도시도 여기에 해당된다. 신도시가 서울 집값을 잡기 위해 발표됐으나 오히려 단기적으로는 토지보상금이 풀려 서울 집값의 버블을 더욱 키웠고 버블이 더 크게 부풀려진 시점에서 신도시 입주가 시작돼 서울 집값의 버블을 꺼뜨린 역사를 앞서 이야기했다. 숫자로 한번 확인해보자.

2기 신도시가 발표되고 토지보상금이 풀리던 시기의 상승률을 KB부동산 기준으로 비교해보면 판교신도시 토지보상금이 지급되던 2004~2005년 서울 +8.0%, 성남시 분당구 +20.1%를 기록했으며, 위례신도시 토지보상금이 지급되던 2009~2010년 서울 +0.3%, 성남시 수정구 +0.8%로 신도시 인근 지역의 집값이 토지보상금 지급으로 초과 상승을 거둔 모습이 확인된다.

반면 신도시 입주 시기에는 어떻게 되었을까?

2016~2017년 위례신도시 입주 기간에 서울 중위가격 기준 상승률은

+28%, 동판교 대장 아파트 판교 푸르지오그랑블(전용 97~98㎡) 상승률은 +15%, 서판교 대장 아파트 판교 원마을5단지(전용 84㎡)는 +15%로 판교의 상승세가 상대적으로 주춤했던 것이 사실이다.

그런데 위례신도시 입주가 일단락된 2018년 1~3분기에 서울 중위가격 기준 상승률은 +16%, 동판교 대장 아파트 판교 푸르지오그랑블(전용 97~98㎡) 상승률은 +38%, 서판교 대장 아파트 판교 원마을5단지(전용 84㎡)는 +27%로 오름세가 눈에 띈다.

위례 입주 시기에 판교는 정체, 위례 입주가 마무리되자 판교는 급등했다. 참고로 판교 푸르지오그랑블과 판교 원마을5단지 상승률은 6층 이상 평균 실거래가로 산출했으며 2018년을 3분기까지로 끊은 이유는 4분기에 판교 두 단지의 6층 이상 실거래가 없었기 때문이다.

② 대전 - 세종

세종시에 2014~2018년 연평균 1만 5,000호 이상이 입주했다. 해당 기간 동안 지역별 중위가격 기준으로 대전은 +14%만 상승한 반면, 서울 +81%, 부산 +36%, 대구 +41%, 인천 +26%, 광주 +43%, 울산 +19% 상승으로 대전이 가장 낮은 상승률을 기록했다. 심지어 조선업 부진으로 지역경제가 침체된 울산보다 낮았다. 세종시 입주에 따른 수요 분산으로 대전이 해당 기간 동안 눌림목 구간에 있었다는 해석이 가능하다.

반면, 세종시 입주 물량이 감소하기 시작한 2019년 한 해에만 대전이 무려 +21% 급등해 서울 +6%, 부산 −3%, 대구 +3%, 인천 −1%, 광주 +8%, 울산 −6%에 비해 압도적으로 높은 상승률을 기록했다.

세종시 입주 기간에 상승하지 못해 상대적 저평가 구간에 있었던 대전이 세종시 입주가 점차 마무리되자 본연의 가치를 향해 갔다고 볼 수 있는 대목이다.

③ 동탄1 - 동탄2

마지막으로 동탄1과 동탄2 신도시를 비교해보자.

동탄2 신도시는 2015년 하반기부터 2017년까지 집중적인 입주가 이뤄졌으며 2018~2019년에도 입주가 이어졌다. 2015년 4분기부터 2019년 4분기까지 동탄1 신도시 대장 아파트 시범 한빛마을 아이파크(전용 84㎡) 상승률은 +51%, 동탄2 신도시 대장 아파트 더샵 센트럴시티(전용 84㎡) 상승률은 +80%로 동탄2 신도시 입주 기간 동안 동탄1 신도시가 상대적으로 덜 올랐다.

그런데 사실상 동탄2 신도시 입주가 마무리된 2020년 1~2분기에 동탄1 신도시 대장 아파트 시범 한빛마을 아이파크(전용 84㎡) 상승률은 +25%, 동탄2 신도시 대장 아파트 더샵 센트럴시티(전용 84㎡) 상승률은 +21%로 동탄1 신도시 상승률이 동탄2 신도시를 상회한 것이 눈에 띈다.

신도시 인근 지역 부동산에 대한 결론은 다음과 같다.

① 신도시 조성이 발표되면 단기적으로는 토지보상금이 풀려서 인근 지역이 초과 상승한다. 신도시 청약 당첨을 위한 주거 수요도 늘어나 전세가도 상승한다.

② 그러나 신도시가 입주를 시작하면 인근 지역의 타격은 불가피하다.

③ 단, 신도시 입주가 마무리될 때쯤 인근 지역은 급반등하면서 신도시 입주 기간 눌려 있었던 저평가 국면이 어느 정도 또는 대부분 해소된다.

따라서 신도시 인근 지역에 사는 사람이라면 신도시 입주 전에 부동산을 매도하거나 타 지역으로 갈아탈 것을 고려할 필요가 있고 신도시 입주가 마무리되기 직전에 다시 인근 지역을 매수하는 것이 바람직하다. 물론 상승장에 국한된 내용이긴 하지만 여러 사례들로 입증된 매수·매도 타이밍이기에 참고하면 좋을 듯하다.

6장

서울 부동산,
기회는 분명 다시 온다

    아직 서울 부동산을 매수하지 못해 불안한 수요자들이 정말 많다. "서울 불패"라는 말은 이러한 초조함을 더욱 증폭시킨다. 그러나 나는 서울이 2023~2024년을 전후로 중장기 하락장에 빠질 가능성이 크며 왜 그렇게 보는지 그 이유에 대해서도 자세히 언급했다. 따라서 당장 서울 진입이 어렵다면 또는 서울 진입을 위해서 지나치게 무리해야 한다면 다음 기회를 노리는 것도 방법이다.

    그렇다면 그 기회라는 건 도대체 언제 올까? 과연 그런 때가 오긴 올까? 이제 서울에 집 사기는 영영 글렀다는 의견도 있지만, 다음 기회는 분명 있다. 우리는 주어진 선택지에서 최선의 답을 찾기 위해 노력해야 한다. 나는 그 기회가 2028~2029년 전후에 올 것으로 본다. 왜 그렇게 보는지 그 이유에 대해 자세히 알아보자.

2026년 이후 서울의 공급 절벽

많은 사람이 심각성을 인지하지 못한 채 지나가고 있는 사실이 하나 있다. 바로 2026년 이후 서울의 공급 절벽이다. 말 그대로 살얼음판 위를 걷는 형국이다. 2025 서울주거종합계획에 따르면, 2018년 3월 기준으로 시행 중인 정비사업 593개 중에 2018년부터 2025년까지 지어지는 정비사업 물량은 33만 8,688가구다. 이에 반해 2026년 이후 건립되는 가구는 총 4만 7,802가구에 그친다. 서울에서 결혼으로 발생하는 가구가 연 5만 가구 내외이므로 2018년부터 2025년까지 지어지는 33만 8,688가구도 많은 편은 아니다. 그러나 2026년 이후 건립되는 4만 7,802가구는 갈수록 줄어드는 결혼 추세를 고려해도 지나치게 적다. 서울시 설명대로 2025년 이전에 완공될 것으로 추산한 물량 중 일부가 2026년 이후로 늦춰진다고 해도 적정 공급량과는 여전히 격차가 큰 수준이다.

2012년 이후 적극적인 뉴타운 출구전략으로 인해 394개 정비 구역이 해제된 여파가 2026년 이후 나타나기 때문이다. 394개 정비 구역 해제 물량은 무려 24만 8,893가구로, 분당의 2.6배에 이르는 물량이 정비사업을 추진할 수 없게 된 것이다. 순차적으로 진행했다면 2020년대 후반부에 신규 공급으로 나타났을 물량이 사라진 셈이고 이는 2026년 이후 공급 절벽으로 이어진다.

문제는 2026년 이후 닥칠 공급 절벽을 해소하기 위해 지금이라도 공급 확대 정책이 필요하나 3기 신도시 외에 각종 재건축·재개발 규제를 완화할 움직임은 보이지 않는다. 재건축 초과이익 환수제가 폐지되지 않을 경우, 사업 중반부를 넘어간 재건축 단지들이 사업 진행을 멈출 가능성이 크다.

게다가 서울시에서 2020년 6월 25일 "추후 모든 정비사업에 도시·건축 혁신 적용을 목표로 하겠다"고 밝혀 사업 추진이 앞으로 더욱 느리게 진행될 것으로 보인다.

2018년 2월 기준 강화 이후, 안전진단을 통과한 단지가 그리 많지 않은 상황에서 6.17 대책으로 안전진단 기준을 보다 강화하겠다는 지침은 초기 재건축 단지의 진척 역시 앞으로 더 힘들어질 것을 예고한다.

그뿐인가. 앞서 언급한 대로 2020년 9월부터 재개발도 임대주택 공급비율 상한이 기존 10~15%에서 최대 30%까지 상향 조정돼 사업성에 큰 타격이 불가피해졌다. 당장 GTX-A·신안산선 개통, 3기 신도시 입주가 서울의 공급 부족을 어느 정도 상쇄해준다고 하더라도 3기 신도시 입주가 마무리될 2028~2029년부터는 서울의 공급 절벽이 매매가에 강한 상방 압력을 발휘할 것이다.

"뉴타운 출구전략 시행 및 재건축·재개발 규제로
2026년 이후 서울의 공급 절벽은 확정 사실이다."

더는 막을 수 없는 재건축 요구

정부는 갈수록 재건축·재개발 규제를 강화하고 있다. 재건축 초과이익 환수제의 본격 시행으로 상당수 재건축 단지들이 사업 진행에 어려움을 겪을 것이다. 게다가 6.17 대책에서 2년 거주 요건을 충족해야 조합원 분양권을 제공하겠다고 해 재건축 초기 단지 중 실제 거주가 힘든 곳은 사업 진행이 불투명해졌다. 재개발도 임대주택 비율 상향 조정으로 어려움은 매한가지다.

그러나 재건축을 틀어막는 데에도 한계가 있다. 마치 압력밥솥처럼 겉은 멀

쩡할지라도 속은 펄펄 끓고 있어 압력을 조금씩이라도 빼놓지 않으면 결국 폭발할 수 있다. 서울 부동산도 그렇다. 재건축을 계속 억눌렀다가는 돌이키기 힘든 상황이 올 수 있는 이유를 데이터로 설명해보겠다.

2019년 기준으로 재건축 연한에 다다른 서울 아파트 단지는 얼마나 될까? 부동산 서비스 플랫폼 직방에 따르면 준공된 지 30년이 넘은 서울 아파트 비중은 22%다. 그리고 2025년이 되면 그 비중은 33%까지 올라간다. 문제는 2030년이다. 2030년이 되면 준공된 지 30년이 넘은 서울 아파트 비중은 무려 56%에 달한다. 2030년이 되면 서울 아파트의 절반 이상이 준공 30년을 넘긴다. 그렇게 되면 어떤 일이 벌어질까?

재건축에 대한 열망과 요구가 분출될 것이고 그 어떤 정치인들도 이러한 유권자들의 요구를 무시할 수 없다. 예전 같으면 재건축 연한에 다다른 단지 비중이 적었기 때문에 '집값 안정'이라는 대의명분 앞에 이들의 재건축 요구를 무시할 수 있었다. 그러나 2030년이 되면 상황이 달라진다.

재건축 연한을 넘긴 단지 비중이 과반이 되기 때문에 이들의 요구를 무시할 수 없게 된다. 2030년이 다가오면 선거의 후보자들은 재건축 활성화를 공약으로 내걸 것이다. 그렇지 않고서는 과반에 다다른 재건축 연한 단지들의 지지를 받을 수 없기 때문이다.

긴 시간 동안 재건축을 틀어막은 후유증은 2030년이 다가올수록 더욱 심해질 게 분명하다. 그때 가서 재건축을 진행해주겠다고 하기에는 너무 늦고 해당 단지 주민들도 이를 수용하지 않을 것이다. 재건축 요구는 대규모 멸실로 이어지고 이는 공급 절벽 문제를 넘어서 멸실 확대에 따른 아파트의 절대적 부족이라는 결과를 초래한다.

앞에서 서울·경기 10~11년차 부부의 증감 여부는 서울 아파트 매매 시세 추이에 지대한 영향을 미친다고 이야기했다. 2024년 이후 서울·경기 10~11년차 부부의 급감은 서울 아파트 시장에 강한 하방 압력을 줄 것이다. 그러나 2028년 이후 수요 감소보다 더 큰 규모의 공급 감소가 기다리고 있다. 수요가 줄어들어도 공급이 더 크게 줄어든다면 재화의 가치는 반등할 수밖에 없다. 지금이라도 재건축·재개발에 대한 규제를 완화하는 것이 훗날의 후유증을 줄일 유일한 방법이다. 그러나 안타깝게도 그러한 기미는 보이지 않으며 2020년대 후반부의 공급 절벽 및 멸실 확대에 따른 아파트 부족 사태는 시시각각으로 그 가능성을 더욱 키우고 있다.

"틀어막은 재건축은 2030년이 다가올수록 더 큰 부메랑으로 돌아올 것이다."

1기 신도시 멸실 가속화

서울의 공급 부족 외에도 문제가 하나 더 있다.

2021년부터 1기 신도시는 줄줄이 재건축 연한에 도달한다. 1기 신도시의 모든 아파트 단지가 재건축에 들어가는 것은 아니지만 그 규모상 일부라도 정비사업을 시작할 경우 그 여파는 절대 작지 않다. 그 이유는 1기 신도시의 높은 전세가율에 있다.

2019년 3월 부동산114 기준 전세가율은 고양(일산) 79%, 안양(평촌) 83%, 부천(중동) 76% 등으로 대단히 높다. 참고로 서울의 재건축 단지들 상당수의 전세가율이 20% 이하였다. 만일 1기 신도시의 멸실이 시작될 경우 1기 신도시의 높은 전세가율은 주변에 굉장한 영향을 끼칠 것으로 보인다.

그렇다면 1기 신도시의 멸실이 언제부터 시작될 것인지 추정해보자. 서울시에 따르면 서울 내 정비사업을 추진하는 사업장 419곳의 평균 사업 기간은 9년이라고 한다. 건축 기간을 2.5년 정도로 잡는다면 정비사업을 시작하고 평균 6.5년 정도 후에 멸실이 시작된다고 볼 수 있다. 따라서 1기 신도시에서 재건축 등 정비사업을 추진하는 단지도 평균적으로 이 정도 기간이 소요된다고 단순 가정해본다면 2028년경부터 서서히 멸실이 시작될 것이다. 1기 신도시의 정비사업을 부정적으로 보는 여론도 많으나 각종 규제의 집중 대상인 서울과 달리 정비사업에 우호적인 지자체의 경우 생각보다 빠른 진척도 기대된다. 무엇보다 일제히 노후화되는 1기 신도시 주민들의 표심을 무시할 수 없다.

앞서 언급한 바와 같이 나는 3기 신도시가 2026년 전후부터 입주를 시작할 것으로 내다보고 있다. 2028~2029년 입주를 완료하는 시점에서 1기 신도시의 멸실이 본격적으로 시작될 것이다. 그리고 대단히 높은 1기 신도시의 전세가율은 대규모 멸실의 파괴력이 상상 이상일 것으로 예상하는 이유다.

정리해보자. 2020년대 후반부는 정비사업 규제의 여파가 가시화돼 서울의 공급 절벽이 본격화되고, 노후 단지의 급증으로 더는 재건축 요구를 무시할 수 없게 되는 데다 1기 신도시까지 대규모 멸실에 가세하는, 즉 공급 급감의 이벤트들이 모이는 '퍼펙트 스톰'의 시기다. 그리고 이때가 서울 진입을 노리는 이들에게 마지막 기회가 될 것이다.

> "2020년대 후반부는 서울의 공급 절벽 현상과 1기 신도시 멸실이
> 동시에 시작되는 '퍼펙트 스톰'이 일어날 수 있다."

5년 이상 하락한 적 없는 서울 아파트 시장

서울 부동산의 중장기 조정장은 1991~1995년과 2010~2013년이었다. 게다가 1994~1995년이 보합 장세였다는 것을 고려하면 중장기 하락장은 1991~1993년과 2010~2013년뿐이었다. 즉, 서울 아파트 시장은 5년 이상 하락한 적이 없다. 4년이 최장기간 하락이었던 데는 이유가 있다.

부동산 상승의 폭이 크고 기간이 길었다면 일시적인 하락 전환은 정부도 반길 수 있다. 그러나 어느 정부나 연착륙을 원하지 장기간 하락을 원치 않는다. 부동산 하락이 오랫동안 계속되면 경제에 또 다른 부작용이 생길 수 있기 때문이다.

우선 매수 심리 냉각으로 주택을 사기보다는 전세를 선호하게 되면서 집값은 하락해도 전세값이 오른다. 집값이 하락하고 전세값이 오르면 집을 팔아도 전세금을 돌려받기 힘든 하우스푸어의 증가로 주택담보대출을 상환하지 못하는 가계가 늘어나 금융권이 부실해진다. 이러한 사태를 방지하기 위해 금융권이 사전에 고삐를 죈다면 민간 투자와 소비가 얼어붙고 이는 내수 경제에 치명타로 작용한다. 따라서 부동산 하락이 단기간에 그치지 않고 장기간 계속된다면 정부는 부양책을 꺼낼 수밖에 없다.

2009년을 정점으로 서울 부동산이 하락하자, 이명박 정부는 지방 미분양 취등록세 완화, 재건축·재개발 절차 완화, 고가 주택 기준 상향, 부동산 양도세율 인하, 강남 3구를 제외한 수도권 전 지역 투기지역 해제 등 부동산 부양책을 꺼내 들었다. 서울 부동산 하락이 멈추지 않자 박근혜 정부는 일정 금액 이하 주택의 생애 최초 구입 시 취득세 전액 면제, 공공분양주택 공급 축소, LTV·DTI 완화, 재건축 연한 완화, 민간택지 분양가 상한제 폐지, 재건축 초과 이익 환수제 유예 등 연이어 부양책을 시행했다. 내수 및 경제 성장률에 큰 영향을 미치는 집값 하락이 계속되도록 내버려 둘 정부는 없다. 서울 부동산이 5년 이상 하락하기 어려운 이유다.

내가 전망한 서울 아파트 시장의 정점이 2023~2024년. 2023년 서울 아파트의 자체적인 입주 물량 확대, 2024년 서울·경기 10~11년차 부부의 급감에 GTX-A와 신안산선 개통, 2026년 등록임대주택 물량의 매물 출회와 3기 신도시 입주 시작으로 서울 부동산은 중장기 조정장에 빠져들 것이다. 3기 신도시 입주가 마무리되고 서울의 공급 절벽이 이어지는 데다 중장기 하락장 끝에 시행될 부양책으로 2028년경 서울 부동산은 바닥을 다지고 다시 상승장에 접어들 가능성이 크다. 마침 2027년은 대선이 있는 해다. 하락장이 수년간 계속된다면 대선 후보자들은 부동산 부양책을 적극적으로 가지고 나올 것이다. 이 경우 2028년 바닥 가능성은 한층 더 커질 수밖에 없다. 그리고 이렇게 시작된 반등은 부동산에서 큰 수익을 낼 수 있는 '마지막 시기'가 될 수 있다.

사실 바닥이 언제인지, 지금이 바닥인지 알아채기란 사람의 판단 영역 밖이다. 그래서 여기서 한 가지 팁을 소개할까 한다. 사실 서울 부동산은 일단 상승하면 1년 만의 상승으로 끝난 적이 없다. 서울 부동산은 거함(巨艦)과 같아서 한번 방향을 틀면 바로 다른 방향으로 전환되기 어렵다. 바닥을 다지고 상승으로 전환되면 관성이 붙는 셈이다. 따라서 2020년대 후반부에 서울 부동산이 1년이라도 반등에 성공한다면 그때 진입을 결정해도 무방하다. 그 이후 수년간 상승할 가능성이 크기 때문이다.

"중장기 하락장 끝에 부양책까지 시행될 가능성이 큰 2020년대 후반부에는
서울 부동산의 재반등이 시작될 것이다."

전월세 상한제 및 계약갱신청구권의 여파는?

전월세 상한제 및 계약갱신청구권이 슈퍼 여당의 입법으로 시행됐다. 전월세 상한제는 임대차 계약 기간 2년 동안 전월세 인상률을 +5% 내로 제한하는 제도이며, 계약갱신청구권은 임대차 계약 기간이 만료된 시점에서 계약의 갱신을 청구할 수 있는 권리를 가리킨다. 즉, 세입자의 주거 안정성을 위해 도입된 제도라고 할 수 있다. 그러나 그 부작용도 만만치 않다. 부동산 시장에 엄청난 영향을 몰고 올 이 제도의 시행은 앞으로 어떤 일을 일으킬까? 현행법(2020년 11월) 기준으로 하나씩 알아보자.

① 다주택자

우선 다주택자는 이번 제도 시행으로 작지 않은 피해를 겪게 될 것이다. 급증한 종부세와 재산세 부담을 세입자에 전가하려는 움직임이 전월세 상한제 시행으로 힘들어졌다. 따라서 다주택자의 매도 물량은 적어도 이전보다 늘어날 예정이다. 임대사업자 등록을 하지 않은 물량 중 세 부담을 못 견디는 물량이 있을 것이고, 종부세 중과로 법인이 매도하는 물량도 있을 것이다.

문제는 또 있다. 양도세가 추가로 중과됨으로써 매도하기 더 어려워졌다. 따라서 늘어난 매물의 양이 정부와 여당의 기대에 미치지 못할 것이다. 양도세 중과 때문에 팔지 않고 버티는 다주택자들이 더 많을 것이기 때문이다. 판다고 하더라도 비핵심지부터 처분할 게 분명하다. 결국 세입자에게 전가시키지 못한 세 부담은 다주택자가 온전히 받아내야 한다. 팔지도 못하고 급증한 세 부담을 견뎌내야 하니 다주택자 입장에서는 뼈아픈 부분이다.

그러나 시장의 강화된 규제에는 늘 새로운 대응 방법이 생기기 마련이다. 가령 내버려뒀다면 가장 전세 상승폭이 컸을 주택(그러나 전월세 상한제로 전세가를 올리지 못한 주택)의 세입자를 내보내고 본인이 2년 실거주한 후 다시 세입자를 맞이하면서 높은 전세가를 받는 등의 방법이 나타날 수 있다.

② 1주택자

1주택자는 당연하게도 전월세 상한제와 계약갱신청구권의 영향을 상대적으로 가장 덜 받는다. 1주택자니 임대를 놓은 주택도 없어서 해당 제도의 시행과 무관하다. 그러나 아예 영향이 없다고 볼 수는 없다.

12.16 대책 이후 나오는 부동산 대책의 큰 축 중 하나는 다주택자에 대한 규제 강화이고 또 다른 하나는 바로 1주택자의 갈아타기를 어렵게 만들고 있다는 점이다. 그리고 이는 정부가 그동안 집값 상승의 원흉으로 다주택자들을 지목했던 입장에서 1주택자의 갈아타기가 서울 상승의 원동력이었음을 암묵적으로 인정했다고 볼 수 있는 대목이다. 그도 그럴 것이 2018년부터 서울은 다주택자가 감소하고 1주택자가 늘었음에도 시장은 오히려 크게 상승했기 때문이다. 그래서 정부는 12.16 대책 이후 나오는 대책들에 1주택자의 갈아타기를 점차 까다롭게 만드는 항목들을 계속 반영해왔다.

가장 대표적인 신설 규제가 9억 초과 주택 보유자에 대한 장기보유특별

공제율에 실거주기간 추가(원래 양도세 절세를 위해서는 장기간 보유하는 것이 중요했으나 이제는 실거주기간도 공제율에 반영하게 되었다), 투기지역·투기과열지구에 있는 주택을 구입하기 위해 주택담보대출을 받는 경우, 6개월 내 기존 주택 처분 및 신규 주택 전입 의무 부과.

그러나 상급지로 갈아타는 시도는 계속되어야 한다. 이 책의 들어가며에서 밝혔듯 우리나라도 일본처럼 수축의 시대에 접어들었기 때문이다. 그리고 나는 왜 수축의 시대에 접어들수록 핵심지로 다가가야 하는지 그 이유도 함께 설명했다. 1주택자가 전월세 상한제와 계약갱신청구권의 영향을 많이 받지 않더라도 갈아타는 준비를 소홀히 하지 말아야 하는 이유이기도 하다.

③ 무주택자

무주택자의 경우 현재 집을 임차해 살고 있을 것이다. 즉, 전월세 상한제와 계약갱신청구권의 혜택을 직접적으로 볼 수 있어 최대 수혜자다. 원한다면 2+2년 계약을 연장할 수 있고 전월세 상승폭도 +5%로 제한적이기 때문에 향후 계획 수립 및 자금 마련에 한결 여유가 생긴다.

그러나 이는 단기간(2~4년) 누리게 되는 혜택일 뿐, 장기적으로는 되려 어려움을 겪을 수 있다. 전월세 상한제와 계약갱신청구권의 혜택에 취해 점차 나빠질 환경을 대비하지 않으면, 뜨거워지는 냄비 속 개구리처럼 큰 낭패를 보게 된다. 즉, 전월세 상한제와 계약갱신청구권의 혜택을 누리게 되는 2~4년의 기간 동안 열심히 종잣돈을 모아서 미래를 대비하지 않는다면 오히려 생각하지 못한 어려움을 겪을 수 있다는 이야기다.

우선 전월세 상한제와 계약갱신청구권의 시행으로 신규 전세 물량은 급감할 것이다. 다주택자들은 강화된 보유세와 취득세 영향으로 신규로 주택을 취득하기 어려워졌다. 따라서 새로 전세를 놓을 수 있는 매물 자체가 줄어들며 기존 세입자들 역시 계약갱신청구권을 활용해 기존 주택의 거주 기간을 늘릴 것이기에 마찬가지로 새로 나오는 전세 매물이 줄어든다. 게다가 2021~2022년 서울 아파트 입주 물량이 큰 폭으로 감소한다.

세를 놓는 다주택자들의 감소, 기존 세입자들의 정착 기간 연장, 입주 물량의 급감에다 장기보유특별공제 실거주기간 추가 반영 및 분양가 상한제 영향에 따른 주거 수요의 서울 집중으로 신규 전세 물량은 그야말로 씨가 마를 전망이다. 따라서 결혼 등으로 인해 앞으로 새로 발생하는 가구들이 최악의 타격을 받을 것이다. 3기 신도시 입주도 빨라야 2026년 이후이기 때문에 당장의 해결책은 될 수 없다.

이 이야기를 길게 하는 이유는 따로 있다. 2~4년간 전월세 상한제와 계약갱신청구권의 혜택을 누리는 기존 세입자들 역시 기존 계약이 끝나면 새로운 전세를 찾아야 하는데 이때 어려움을 겪게 될 가능성이 크기 때문이다. 전월세 상한제와 계약갱신청구권의 혜택을 누리게 되는 2~4년 기간 동안 종잣돈을 마련해 유주택자가 되거나 새로운 전세 계약을 대비하는 노력을 게을리하지 않아야 한다.

전월세 상한제와 계약갱신청구권 시행으로 집주인이 세를 놓음으로써 얻는 이득은 줄었다. 핵심지에 가까울수록 집주인 본인 또는 가족들이 살게 되거나 월세 또는 반전세로 전환해 세입자들의 부담은 장기적으로 점점 커질 수밖에 없다.

2부

돈 되는
아파트
투자 지도
115곳

7장

권역별, 가격별
서울 및 수도권 추천 단지

수축의 시대에서 양극화는 점점 심해질 것이다. 이는 입지에서도 마찬가지다. 입지가 좋은 곳과 그렇지 않은 곳의 차이는 갈수록 확대될 수밖에 없다. 사람들이 선호하는 곳과 그렇지 않은 곳의 차이는 시간이 지날수록 극명해진다.

직주근접의 가치는 갈수록 높아지며 정부 규제로 인해 신축 아파트의 희소성은 더 커질 것이다. 따라서 나는 직주근접, 신축이라는 기준에 맞춰 추천 단지를 선정했으며, 1,000세대 이상의 대단지 역시 추천 기준으로 삼았다. 대단지일수록 가격 상승률이 높다는 조사 결과도 있지만, 코로나19로 인해 야외 활동이 힘들어진 만큼 앞으로 내부 커뮤니티에서 다양한 활동을 할 수 있는 대단지가 더욱 인기를 누리게 될 것으로 보이기 때문이다.

지금부터 소개하는 단지들은 당장 사지 못하더라도 향후 양극화가 더 심해진다고 볼 때, 장기적으로 관심을 가져야 하는 곳이다.

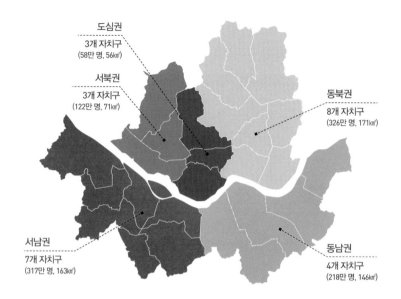

도심권
3개 자치구
(58만 명, 56㎢)

서북권
3개 자치구
(122만 명, 71㎢)

동북권
8개 자치구
(326만 명, 171㎢)

서남권
7개 자치구
(317만 명, 163㎢)

동남권
4개 자치구
(218만 명, 146㎢)

　　우선 서울 및 인근 지역을 5대 권역으로 나누고 권역별로 가격대를 15억 이상, 10~15억, 5~10억, 5억 이하로 구분해 단지들을 소개했다. 자산 및 투자 금액을 고려해 참고하면 좋겠다.

　　물론 이 책에 없는 단지라고 해서 좋은 단지가 아니라는 것은 절대 아니다. 지면 관계상 서울 및 수도권의 좋은 아파트를 모두 소개할 수는 없기에 직주근접 가치가 우수한 단지 또는 앞으로 직주근접 경쟁력이 강화될 단지, 신축 또는 랜드마크가 될 단지 중심으로 소개하는 점, 독자들의 너그러운 양해를 구한다.

15억 이상

▼

반포동에는 서울의 대장 아파트 아크로리버파크가 있다. 재건축의 끝판왕 반포주공1단지, 입주한 지 11년이 넘어가는 연식에도 여전히 위세를 떨치는 래미안 퍼스티지도 있다. 그러나 이 책에서 굳이 이 단지들을 소개하지는 않겠다. 이미 잘 알려진 단지들이기 때문이다. 그 대신 반포의 대장 아파트로 머지않아 새로 등극할 단지, 재건축이 기대되는 단지들을 소개하고자 한다.

래미안 원베일리는 신반포3차 및 경남의 통합 재건축으로 2020년 4월 착공해 2023년 8월 입주 예정인 단지다. 아크로리버파크(1,612세대)의 두 배 가까이 되는 규모(2,990세대)에 대규모 특화, 7년 앞선 연식 등은 완공과 동시에 반포의 새로운 대장 아파트가 되리라 예상케 한다. 트리플 역세권(3·7·9호선), 한강 조망, 신세계백화점 접근성 등 기존 입지 자체도 워낙 훌륭하다.

신반포 한신2차는 반포의 새로운 대장 아파트가 될 곳이다. 물론 재건축이 완성된다는 전제가 붙는다. 2003년에 추진위가 구성됐다가 내부 갈등으로 거의 진전이 없었다는 사실은 큰 단점이다. 그러나 조합원의 2년 실거주 요건이 추가되는 것을 막기 위해 서둘러 조합이 설립된 점은 다행스럽다. 재건축이 될 경우, 한강 조망권이 있는 동·호수가 모든 조합원에게 돌아가진 않는다. 조망권에 따라 가격 격차가 크게 벌어지는 게 현실이어서 누구에게 한강 조망권 동·호수를 배정하느냐가 최대 이슈다. 그러나 그 외에는 반포에서 최고 수준의 장점을 갖고 있다. 한강에 길게 위치한 독특한 단지 구성이 그것이다. 신반포 한신2차는 한강에 인접한 단지 길이가 700m에 이르는데 이러한 단지

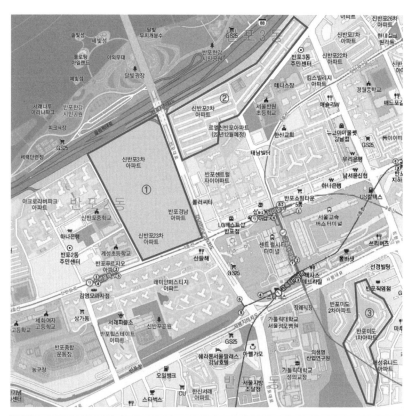

단지	세대수	입주년월	매매 시세	전세 시세	용적률
① 래미안 원베일리	2,990	2023.08			
② 신반포 한신2차	1,572	1978.06	247,500	64,000	200%
③ 반포 미도1차	1,260	1987.06	197,000	78,000	177%

• 신반포 한신2차 92㎡ 기준

구성 덕분에 1,572세대에도 불구하고 세대 규모가 더 큰 아크로리버파크나 래미안 리더스원보다 훨씬 많은 세대가 한강을 조망할 수 있다. 갈수록 조망권이 중요시되는 유행 속에서 이 장점은 매우 큰 의미를 지니고 있다. 향후 재건축 완성 시 반포의 새로운 대장 아파트가 될 수 있기 때문이다. 따라서 신반포 한신2차에 관심이 있다면 재건축 진행 상황을 꼼꼼히 들여다봐야 한다.

반포 미도1차는 정부의 안전진단 기준이 강화되기 전인 2017년 12월에 안전진단을 통과했다. 물론 단지가 언덕에 있고 주변 학교가 멀어서 초등학교와 중학교에 가려면 대로 두 개를 건너야 한다. 큰 단점에도 불구하고 굳이 반포 미도1차를 추천 단지에 소개한 이유는 따로 있다. 1,260세대임에도 전 세대가 동일 평형(34평)이라는 점이다. 게다가 중층 아파트치고 많은 대지지분(17.7평)과 낮은 용적률(177%)은 재건축 사업성을 보장해준다. 더블 역세권(3·7호선), 신세계백화점 및 서울성모병원과의 접근성, 서리풀공원 및 반포 최대 학원가와 인접 등도 반포 미도1차의 장점이다.

▼

대치동 하면 가장 먼저 떠오르는 이미지는 '학군 1번지'다. 많은 맹모(孟母)가 지금 이 순간에도 대치동으로의 이사를 고민하고 있다. 그래서 전국 대부분 지역이 학령 인구 감소로 학급당 평균 학생 수가 크게 줄어들고 있는데도 대치동은 다른 세상 이야기다. 초등학교 학급당 평균 학생 수는 서울시 23명, 대치동 34명이다.

전국에 내로라하는 유명 학원들이 밀집한 대치동은 끊임없이 학군 수요를 끌어들여 아파트 가격이 올라가고 있다. 자율형사립고(자사고)와 외국어고(외고) 등 특목고가 폐지되면 명문 일반고의 위상이 다시 회복되기 때문에 학군 1번지로서 대치동의 위상 역시 더욱 올라갈 것이다.

그러나 대치동 아파트 가격이 학군만으로 이뤄졌다고 생각하면 큰 오산이

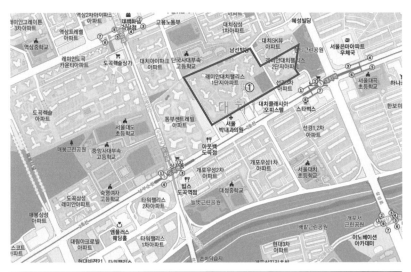

단지	세대수	입주년월	매매 시세	전세 시세	용적률
① 래미안 대치팰리스	1,608	2015.09	312,500	192,500	259%

• 1단지 기준

다. 대치동은 서울 최대 업무지구인 GBD(강남업무지구)에 대한 접근성이 대단히 뛰어난 곳이다. 고소득 직주근접 수요가 풍부할 수밖에 없다. 도곡역에서 GBD의 한 축인 선릉역까지 두 정거장이면 갈 수 있는데 특히 도곡역 역세권 아파트 중에 래미안 대치팰리스가 있다.

래미안 대치팰리스는 대치동에서 대치 아이파크(2008년 6월 입주) 이래 7년 만인 2015년에 입주한 신축 대단지다. 참고로 2017년 7월에 입주한 대치 SK 뷰도 있으나 세대수가 적다(237세대). 그뿐만이 아니다. 앞으로 10년 내 대치동에 신축이 세워질 가능성이 낮기 때문에 래미안 대치팰리스는 신축 프리미엄을 상당 기간 누릴 수 있다. 최강의 대치동 학원가 접근성뿐 아니라 재건축을 마친 신축치고는 낮은 용적률(259%)과 건폐율(14%), 세대당 1.9대에 이르는 넓은 주차장 등은 또 다른 장점이다.

▼

삼성동은 원래 강남구청과 COEX, 명문 경기고가 위치한 곳으로 유명한 지역이다. 그러나 머지않아 삼성동의 랜드마크는 다른 곳으로 바뀐다. 바로 현대차그룹 본사가 들어서는 GBC(현대차 글로벌비즈니스센터)와, 영동대로 지하 공간 복합개발로 5개 노선(GTX-A·C, 2·9호선, 위례신사선)의 환승역으로 탈바꿈

단지	세대수	입주년월	매매 시세	전세 시세	용적률
① 삼성 힐스테이트2단지	926	2008. 12	235,000	125,000	273%

• 84㎡ A형 기준

할 삼성역이 그것이다. 서울을 대표할 업무지구와 교통의 요충지가 모두 삼성 동에 들어선다. 자연히 삼성동은 강남의 새로운 중심으로 부상할 것이다. 강 남의 중심이 동진(東進)하는 셈이다.

그런 삼성동에서 삼성 힐스테이트2단지는 1단지와 더불어 1,000세대 내 외의 규모를 자랑하는 곳이다. 그러나 1단지보다 GBC와 COEX, 삼성역에 대한 접근성이 뛰어나다. 9호선 초역세권이라는 입지도 훌륭하다. 물론 입주 한 지 12년째가 되어 신축에서 기축으로 넘어가는 연식에 도달한 점은 아쉽 다. 그러나 GBC와 COEX 반경 1km 내에 2024년 준공 예정인 청담삼익을 제외하고는 당분간 신축 아파트는 없을 예정이다. 이는 삼성 힐스테이트2단 지의 신축 프리미엄을 오래 지속시킬 수 있는 강점으로, 삼성 힐스테이트2단 지의 위상을 유지하는 데 기여할 것이다.

▼

서울의 전체 지하철역에서 출근시간대 하차 인원을 보면 서울의 최대 업무 지구는 2호선 강남-역삼-선릉-삼성역이다. 그리고 이 강남역~삼성역 라인 에서 역세권이면서 신축인 아파트 단지가 바로 '래미안 리더스원'이다. 2020 년 9월에 입주해 따끈따끈한 신축인 래미안 리더스원은 3~4년 전 입주한 래 미안 서초에스티지, 서초에스티지S에 비해 연식뿐 아니라 규모 면에서도 높 은 경쟁력을 가지고 있다.

래미안 리더스원이 갖는 남다른 장점에는 세 가지가 더 있다.

첫째, 강남역 역세권인 래미안 리더스원은 새로운 강남의 중심이 될 삼성역 과 세 정거장 거리다. 안 그래도 삼성타운을 한 블록 앞에 두고 있는데 세 정거 장 떨어진 삼성역에 현대차 GBC까지 세워질 경우 래미안 리더스원의 직주

단지	세대수	입주년월	매매 시세	전세 시세	용적률
① 래미안 리더스원	1,317	2020.09	260,000	142,500	299%

• 부동산114 84㎡ A형 기준

근접 경쟁력은 타의 추종을 불허한다.

둘째, 현대차 GBC가 세워지는 2026년에도 강남~삼성역 라인 역세권의 신축 아파트는 래미안 리더스원 외에 서초 그랑자이(2021년 6월 입주 전망)와 신동아가 전부다. 상당 기간 서울 최대 업무지구의 직주근접 및 신축 수요를 가장 끌어들일 수 있는 곳이 바로 래미안 리더스원이다.

셋째, 신동아까지 재건축이 완료될 경우 서이초와 서운중은 1군 브랜드(래미안, 자이, 아크로) 신축 5,000여 세대의 학군으로 거듭날 것이다.

이러한 장점은 래미안 리더스원의 미래를 더욱 긍정적으로 밝힌다.

▼

잠실동은 과거 송파구의 대장 아파트 자리에서 서울의 새로운 핵심지로 거듭나고 있다. 이는 앞서 언급한 강남의 동진 현상과 무관하지 않다. 원래도 입지가 좋았던 잠실이었으나 앞으로 펼쳐지는 주변의 개발 계획이 워낙 굵직굵직하다.

가장 대표적인 개발 계획은 '국제교류복합지구'다. 워낙 방대한 개발이다 보니 주변 지역에 대한 부동산 급등을 막기 위해 해당 지역을 둘러싼 삼성동, 청담동, 대치동, 잠실동 등 네 개 동을 토지거래허가구역으로 지정했을 정도다. 코엑스~잠실종합운동장을 잇는 199만 m²에 달하는 지역을 국제교류복합지구로 지정하고 영동대로 지하공간 복합개발, 올림픽주경기장 리모델링 및 일대 민자사업 추진, 현대차 GBC 건립 등을 추진하는 계획이다. 특히 잠실종합운동장 부지에 스포츠 복합시설과 전시·컨벤션 등을 조성하는 '잠실 스포츠·MICE 민간투자사업'은 2020년 6월 적격성 조사를 마치고 2022년 하반기 착공을 목표로 하는데 잠실의 입지를 더욱 공고히 해줄 대표적인 개발 계획으로 꼽힌다.

잠실종합운동장 부지와 맞닿아 있는 엘스는 잠실 스포츠·MICE 민간투자

※ 본 예시도는 이해를 돕기위한 것으로 세부계획 수립과정에서 변경 될 수 있음

• 출처 : 국제교류복합지구

사업의 직접적인 수혜 단지다. 원래도 초고층 건물인 롯데월드타워 및 현대차 GBC와 거의 같은 거리 사이에 있는 아파트 단지로서 훌륭한 입지를 자랑했으나 주변의 집중적인 개발은 엘스의 위상에 날개를 달아줄 것이다. 잠실 단지 중 대치동 학원가와 가장 가까운 데다 주요 업무지구 접근성이 뛰어난 2·9호선 디블 역세권이라는 점도 엘스의 입지를 돋보이게 한다. 입주 12년 차가 되면서 구축으로 접어드는 연식은 엘스의 단점이다. 그러나 이를 무색하게 만드는 호재들이 상당히 많다.

리센츠는 엘스와 인접한 단지로 엘스의 호재를 함께 공유한다. 특히 단지 규모와 입주 시기, 2호선 역세권이란 점이 엘스와 비슷해 흥미롭다. 지금까지는 동 간격과 배치, 초중고의 접근성에서 앞서 엘스보다 근소하게 매매가가

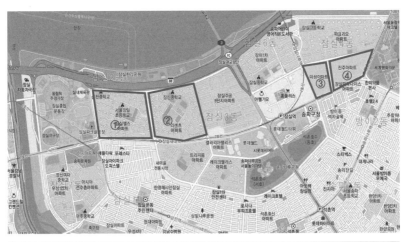

단지	세대수	입주년월	매매 시세	전세 시세	용적률
① 엘스	5,678	2008.09	216,667	130,000	276%
② 리센츠	5,563	2008.07	224,500	131,000	275%
③ 르엘 잠실(가칭) *미성·크로바 재건축	1,991	2024년 전망			
④ 잠실 래미안 아이파크(가칭) *진주 재건축	2,670	2024년 전망			

• 엘스 84㎡ C형 기준

높았으나 잠실 스포츠·MICE 민간투자사업이 본격화되고 현대차 GBC 건립 시기가 다가올수록 엘스의 매매가는 더욱 상승할 것이다. 물론 이는 리센츠에 도 호재다.

미성·크로바는 기존 1,350세대에서 재건축 후 1,991세대, 르엘 잠실(가칭) 이라는 새 이름으로 재탄생한다. 2024년 입주가 예상되는데 잠실에서 무려 15년 이상 맥이 끊겼던 신축 단지가 생기는 것이다. 그만큼 잠실의 신축 수요를 크게 흡인할 것으로 기대된다.

진주는 르엘 잠실에 이어 입주할 잠실의 두 번째 신축으로 잠실 래미안 아이파크(가칭)로 재탄생한다. 삼성물산과 현대산업개발이 시공을 맡았고 1,507세대에서 2,670세대로 두 배 가까이 세대수가 늘어난다.

잠실 래미안 아이파크는 르엘 잠실과 마찬가지로 2024년 입주가 예상된다. 재건축 전에 9호선이 개통돼 기존 2·8호선과 더불어 트리플 역세권이 되었고, 올림픽공원과 인접해 쾌적한 환경을 자랑한다. 잠실의 새로운 상승세를 견인할 신축 단지로 거듭날 것이 분명하다.

▼

둔촌주공이 입주할 때까지 국내 최대의 아파트 단지 규모를 자랑하는 헬리오시티는 84개 동 9,510세대다. 2018년 12월 31일 입주를 개시해 여전히 신축의 위용을 자랑하고 있다.

헬리오시티는 국내 최대 단지답게 커뮤니티 역시 어마어마한 규모를 자랑한다. 국공립 어린이집 일곱 개, 6레인 수영장, 골프장, 탁구장, 배드민턴장, 사우나, 독서실 등 일반적인 단지의 커뮤니티에서는 볼 수 없을 정도로 그 규모가 방대하다. 최대 단지라서 가능한 것이 또 하나 있다. 바로 단지 정중앙을 중앙공원(파크밴드)이 약 1km의 길이로 관통하고 있다는 점이다. 굳이 단지 밖으로 나가지 않아도 1~2시간 산책이 가능하다.

입지 자체도 훌륭하다. 잠실역까지 두 정거장 만에 갈 수 있고 일부 동에서는 9호선을 이용할 수 있다. 특히 송파역과 헬리오시티를 연결하는 지하 통로 공사가 시작됐는데 완공되면 역에 대한 접근성이 매우 좋아질 예정이다. 비가 와도 롯데월드, COEX, 현대차 GBC까지 우산 없이 편안하게 갈 수 있

단지	세대수	입주년월	매매 시세	전세 시세	용적률
① 헬리오시티	9,510	2018. 12	194,333	116,667	285%

다. 주변에 조성되는 문정법조타운 및 미래형 업무단지도 헬리오시티의 직주근접 경쟁력에 보탬이 된다. 게다가 순조롭게 진행될 경우 2022년 착공, 2027년 개통 예정인 위례신사선도 헬리오시티의 강남 접근성을 높인다. 또한 2023~2024년 르엘 잠실과 잠실 래미안 아이파크 입주 전까지는 송파구에서 가장 연식이 짧은 신축 역세권 대단지로서 그 희소성을 누릴 수 있다는 것도 큰 장점이다.

▼

둔촌주공이 입주할 때까지 국내 최대의 아파트 단지가 헬리오시티라면 둔촌주공이 입주할 때까지 강동구의 대장 아파트는 고덕 그라시움이다. 그동안

한영외고, 한영고, 배재고 등 명문 고교들이 있는 학군지로 이름을 떨쳤던 고덕인 만큼 특목고와 자사고를 폐지하려는 움직임은 고덕에 유리한 상황이다. 그러나 우수한 학군과 풍부한 녹지 외에는 장점이 크지 않았던 고덕에 다른 호재들이 기다리고 있다.

우선 직주근접 측면에서 약점이 있었던 고덕이었으나 고덕 비즈밸리 조성이 추진되고 있다. 약 23만 ㎡ 규모의 개발 지구에 일부 공공청사와 이케아

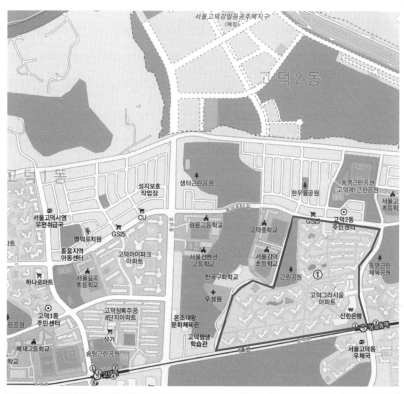

단지	세대수	입주년월	매매 시세	전세 시세	용적률
① 고덕 그라시움	4,932	2019.09	162,500	85,000	249%

및 대형마트, 기업들이 입주할 예정으로 직간접적 고용 창출만 3만 8,000명이 기대된다. 게다가 2027년을 목표로 9호선 개통이 추진 중이다. 9호선이 개통되면 급행 기준으로 잠실과 강남에 20분 내외로 갈 수 있다. 이러한 호재들의 중심에 고덕 그라시움이 있는데 신축 프리미엄이 사라지기 전에 호재들이 실현될 것으로 보여 고덕 그라시움의 가치는 오랫동안 유지 혹은 더욱 올라갈 것이다.

▼

판교 푸르지오그랑블은 이미 판교 대장 아파트로 유명세를 떨치고 있다. 일부 평형은 잠실과 비슷한 수준까지 실거래가가 올라오면서 언론에서도 크게 소개된 바 있다. 세대수는 948세대로 적지 않으며 용적률도 199%로 입주한 지 10년 내외의 준신축 단지로는 괜찮은 수준이다. 신분당선(판교역) 초역세권에 길 하나만 건너면 수도권 최대 규모인 판교 현대백화점도 편하게 이용할수 있다. 단지 바로 옆에는 롯데마트까지 있다. 가히 슬세권 단지라고 할 만하다. '슬세권'은 슬리퍼와 역세권의 합성어로 슬리퍼와 같은 편한 복장으로 각종 편의시설을 이용할 수 있는 주거 권역을 이르는 신조어다. 게다가 판교 푸르지오그랑블은 동판교 유일의 1군 건설사 브랜드 단지라는 희소성까지 갖추고 있어 판교 내에서 대장 아파트 자리를 점하는 데 손색이 없다. GTX-A 개통으로 그 가치는 더욱 단단해질 것이다.

봇들마을9단지(금호어울림)는 중대형 평형 위주로 구성돼 이미 동판교 내에서도 부촌으로 통하는 곳이다. 게다가 두 가지의 큰 호재가 있다.

첫째, GTX-A 개통 시 성남역 초역세권 단지로 거듭난다는 점이다. 기존에는 신분당선(판교역) 접근성이 다소 애매한 수준이었으나 GTX-A 성남역이

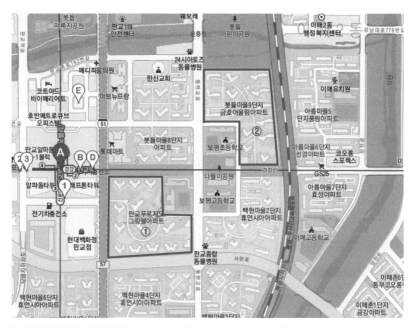

단지	세대수	입주년월	매매 시세	전세 시세	용적률
① 판교 푸르지오그랑블	948	2011. 07	191,500	105,500	199%
② 봇들마을9단지	850	2009. 07	177,500	97,500	184%

• 판교 푸르지오그랑블 99㎡, 봇들마을 9단지 101㎡ 기준

봇들마을9단지 바로 앞에 세워져 단숨에 초역세권이 된다.

　둘째, 굿모닝파크(분당수서 고속화도로 지하화 작업)가 완공되면 여러 가지 이점을 갖게 된다. 우선 판교와 분당을 가르는 장벽과도 같았던 분당수서 고속화도로가 지하화되면서 분당선 이매역도 이용할 수 있게 된다. 주변에 강남으로 이어지는 노선이 세 개(신분당선, GTX-A, 분당선)나 생기는 셈이다. 게다가 지금도 단지의 남북이 봇들어린이공원과 나들이공원으로 둘러싸여 동쪽에 굿모닝파크까지 세워질 경우 단지의 세 면이 공원과 맞닿는다. 기존의 약점이 장점으로 채워지면서 봇들마을9단지의 입지 역시 더욱 좋아질 것이다.

▼

과천은 한때 서울 강남 다음으로 집값이 비싼 곳으로 유명했으나 현재는 그 위상이 다소 떨어졌다. 그러나 여전히 유해 환경이 없고 실거주 가치가 뛰어나다는 점에는 변함이 없다. 게다가 정부청사 이전으로 우려됐던 자족 기능 약화가 지식정보타운 조성으로 보강되고 GTX-C가 개통될 경우 강남에 대한 접근성이 개선될 예정이라 아직도 호재가 기대되는 곳이다. 과천에서 강남 도심으로 가려면 지하철을 한 번 갈아타거나 자차로 이동해야 했는데 GTX-C 개통은 그러한 약점을 보완한다.

게다가 과천에는 과천 주암지구와 3기 신도시 토지보상금이라는 추가 호재가 있다. LH에 따르면 2020년 8월 기준으로 과천 주암지구는 32% 수준의 보상이 진행된 상황이고 3기 신도시 토지보상금도 2021년 집행될 전망이다. 이들 토지보상금 중 일부라도 과천 아파트 시장으로 유입될 경우 만만치 않은 호재로 작용할 것이다.

2021년 2월 입주 예정인 과천 위버필드는 GTX-C 개통의 최대 수혜 단지다. GTX-C 과천역 역사는 한국수자원공사 한강권역본부 앞 삼거리에 들어설 것으로 보이는데 이 경우 과천 위버필드는 GTX-C 초역세권이 된다. 현재도 4호선(정부과천청사역) 초역세권인데 더블 초역세권으로 거듭날 예정이다. 게다가 신축이다. 인근에 이마트가 있어 생활 편의성도 좋다. GTX-C가 개통되면 과천의 새로운 대장 아파트로 자리잡을 것이다.

과천 위버필드가 미래의 과천 대장 아파트라면 과천 주공10단지는 재건축

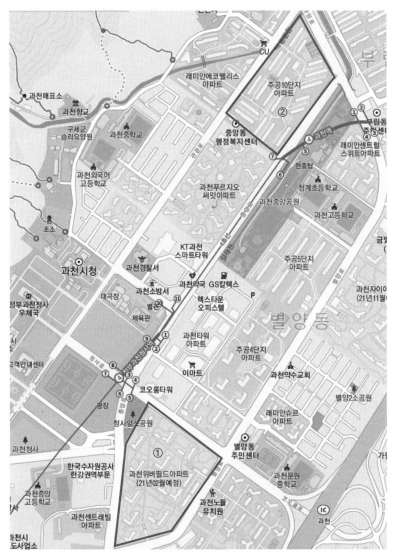

단지	세대수	입주년월	매매 시세	전세 시세	용적률
① 과천 위버필드	2,128	2021. 02			227%
② 과천 주공10단지	632	1984. 06	163,500	58,000	86%

이전까지 과천의 대장 아파트였다. 4호선(과천역) 초역세권에 과천중앙공원, 관문천과 양재천을 모두 누릴 수 있는 쾌적함은 과천 주공10단지의 부수적인 장점이다. 과천 주공10단지의 진짜 장점은 최고 수준의 대지지분에 있다. 27평, 33평, 40평의 대지지분이 각각 33평, 41평, 49평이다. 40평 소유주라면 향후 재건축 시 산술적으로 33평+25평의 신축 두 채를 받으면서도 추가분담금을 내기는커녕 환급금까지 받을 수 있다. 최대 단점은 재건축 초과이익 환수제가 존재하는 한 막대한 환수금으로 인해 재건축 진행이 어렵다는 것이고, 실제 조합 설립까지도 갈 길이 멀어 재건축이 언제 될지 모른다는 것이다. 그렇기 때문에 장기간 실거주가 가능한 사람에게 추천할 만한 곳이다.

10억 ~ 15억

▼

과천 주공4단지는 2020년 11월 1일 사업시행인가를 득한 재건축 단지다. 조합 측에 따르면 11개 동 1,437세대 규모로 재건축을 추진 중이며 용적률은 283%다. 시공사는 GS로, 신축 단지는 과천 센트럴자이라는 이름으로 재탄생할 예정이다. 현재 4호선 역세권이며 이마트도 단지 바로 앞에 있어 실거주 측면에서도 입지가 뛰어나다. 게다가 GTX-C 역세권 호재가 예정되어 있다. 대로변에서 한 블록 들어가기 때문에 소음으로부터 자유로우며 과천의 중심 상권과도 가깝다. 도로 하나만 건너면 초등학교(문원초), 중학교(문원중)에 갈 수 있다. 재건축 초과이익 환수제와 분양가 상한제가 적용되는 단지이기 때문에 2022년 대선 이후 차기 정권의 재건축 규제 방향을 확인하고 매입하는 것을 추천한다.

단지	세대수	입주년월	매매 시세	전세 시세	용적률
① 과천 주공4단지	1,110	1983.05	142,500	41,500	160%

• 92㎡ 기준

▼

　송파 위례24단지 꿈에그린과 위례 자연앤센트럴자이는 34평형에서 위례 신도시의 대장 아파트다. 장점과 단점이 비슷한 아파트이기도 하다. 두 단지는 휴먼링(위례 중심지를 약 4.4km 길이로 에워싼 산책로) 서쪽에 있으며 1,000세대가 넘는 대단지다. 휴먼링을 따라 남쪽으로 걸으면 창곡천에 금방 도착한다. 그리고 위례의 중심 상권인 트랜짓몰과 매우 가깝다. 위례중앙광장을 사이에 두고 발달한 상권을 쉽게 이용할 수 있는 슬세권 단지다. 특히 위례신사선 개통 시 위례중앙역으로의 접근성이 좋아지는 것도 강력한 장점이다. 신도시로

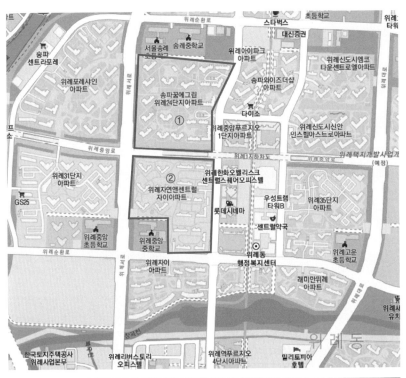

단지	세대수	입주년월	매매 시세	전세 시세	용적률
① 송파 위례24단지 꿈에그린	1,810	2013. 11	149,500	91,500	194%
② 위례 자연앤센트럴자이	1,413	2017. 06	144,000	88,333	179%

서 위례가 갖는 유일한 약점이 교통이라면, 그 약점을 일거에 해소할 수 있는 위례신사선의 개통은 두 단지뿐 아니라 위례 전체에 큰 호재다. 현재로서는 2022년 착공, 2027년 개통이 목표인 위례신사선의 진척 여부가 위례 소유주들에게 가장 중요한 요소다. 따라서 지속적인 관찰이 필요하다.

그러나 두 단지 모두 가구당 1.14대, 1.15대의 주차가 가능하다는 단점이 있다. 최근 신축과 비교하면 부족한 주차대수다. 위례 자연앤센트럴자이가 더 신축이나 송파 위례24단지 꿈에그린의 행정구역이 서울시 송파구라는 점, 트랜짓몰과의 접근성이 조금 더 우세한 관계로 매매 시세는 송파 위례24단지 꿈에그린이 다소 높다.

▼

광교는 엄밀히 말해 주요 업무지구와의 접근성이 뛰어난 곳은 아니다. 서울 3대 도심은 물론이고 판교테크노밸리까지도 신분당선 지하철로 일곱 정거장을 가야 한다(광교중앙역 기준). 그러나 광교는 주요 업무지구에 대한 접근성이 다른 곳보다 간절하지 않다. 국내 최대 기업이자 글로벌 기업인 삼성전자(수원캠퍼스)가 가까운 곳에 있기 때문이다. 이것만으로도 직주근접 경쟁력이 강한 곳이라 할 수 있다.

그뿐이 아니다. 광교중앙역 바로 앞 2만 9,184m² 부지에 경기도청 신청사, 도교육청, 도대표도서관, 미디어센터, 경기도시공사, 경기신용보증재단, 한국은행 경기본부, 주상복합시설 등도 함께 건립되는 경기융합타운 조성 사업이 한창이다. 경기융합타운이 완공되면 이미 완성된 갤러리아 백화점, 법조타운 등과 함께 광교신도시의 경쟁력을 한층 강화해줄 것이다.

그 안에서도 광교 중흥S클래스는 광교의 대장 아파트다. 입주한 지 2년도 안 된 신축으로 광교호수공원, 백화점(갤러리아), 아울렛(롯데)이 있어 슬세권의 위용까지 과시하고 있다. 엄밀히 말해 역세권이라고 보기에는 어려운 위치에 있으나 그러한 아쉬움을 상쇄하고도 남는 수준의 장점들이 즐비해 광교의 대표 단지로 자리잡았다.

자연앤힐스테이트는 신분당선(광교중앙역) 초역세권이다. 단지 좌우에 초중

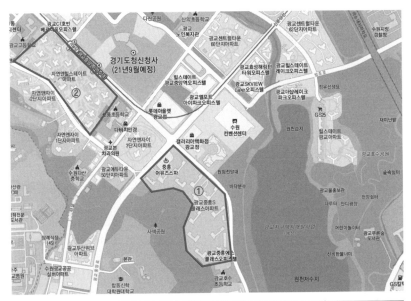

단지	세대수	입주년월	매매 시세	전세 시세	용적률
① 광교 중흥S클래스	2,231	2019. 05	140,000	71,667	400%
② 자연앤힐스테이트	1,764	2012. 11	135,667	80,333	210%

• 광교 중흥S클래스 84㎡ B형 기준

고(신풍초, 다산중, 광교고)가 있어 학령기 자녀를 키우기에도 제격이다. 또한 스트리트몰(아브뉴프랑), 아울렛(롯데)과도 가까워 광교 중흥S클래스와 마찬가지로 슬세권 단지라고 할 수 있다. 특히 경기융합타운과 마주보고 있어 완공 시 수혜를 가장 직접적으로 볼 단지로서 그 입지가 광교에서 손꼽힐 만하다. 물론 광교 중흥S클래스도 경기융합타운의 수혜 단지다.

▼

　　동탄역은 수도권 남부의 교통 요충지로 거듭나고 있다. 이미 SRT가 개통되어 운영되고 있는 데다 GTX-A도 2019년 착공되어 2024~2025년경 개통을 목표로 하고 있다. 원래 동탄은 삼성전자(기흥·화성캠퍼스)와 가까워 직주근접 측면에서 경쟁력이 있었다. 여기에 더해 GTX-A 개통으로 강남과의 접근성이 개선될 경우 추가적인 경쟁력 강화가 기대되는 곳이다. 따라서 동탄역 주변 역세권 단지들의 가치 개선은 쉽게 예상할 수 있는 부분이다.

단지	세대수	입주년월	매매 시세	전세 시세	용적률
① 동탄역 롯데캐슬	940	2021. 07			
② 동탄역 더샵센트럴시티	874	2015. 09	107,500	48,500	210%

• 동탄역 더샵센트럴시티 84㎡ B형

동탄은 이제 분당을 능가하는 규모의 신도시지만 백화점이 없어 상권이 약하다는 평가를 받았었다. 그러나 롯데백화점이 2021년 5월, 롯데마트가 2021년 11월 개점을 앞두고 있어 이 부분의 약점도 상쇄될 전망이다. GTX-A가 개통될 2024~2025년에도 주변 역세권 단지들 대부분이 입주한 지 10년 이내로 신축에 해당한다.

앞서 언급한 장점을 모두 갖는 동탄역 롯데캐슬은 입주와 동시에 동탄 신도시 대장 아파트로 등극할 것이다. 주변 역세권 단지들도 동탄역과의 거리에 따라 조금씩 시세가 달라지고 있는데, 특히 동탄역 더샵센트럴시티는 롯데캐슬에 동탄의 대장 아파트 자리를 빼앗기게 되지만 GTX-A 개통 및 롯데백화점, 롯데마트 입점 혜택을 똑같이 누린다는 점에서 미래 가치가 여전히 기대되는 곳이다.

▼

아름마을5단지(풍림)는 앞서 언급된 봇들마을9단지와 함께 판교, 분당에서 GTX-A 개통 시 가장 큰 수혜를 입는 곳이다. 아름마을6단지(선경)와 7단지(효성) 역시 큰 혜택을 얻게 되나 5단지(풍림)가 가장 큰 세대수로 구성돼 추천 단지에 넣었다.

판교와 분당을 가르는 분당수서 고속화도로를 지하화하고 생기는 굿모닝파크는 아름마을5단지(풍림)에 큰 호재다. 판교역과 현대백화점을 걸어서 갈 수 있을 뿐만 아니라 기존 분당선·경강선(이매역) 역세권이라는 입지에 더해 GTX-A(성남역) 초역세권이 된다.

이제 입주한 지 27년으로 재건축을 할지 리모델링을 할지 선택해야 하는 연식에 다다랐다. 204%라는 용적률은 약점이나 전체 세대의 70% 이상이 중

단지	세대수	입주년월	매매 시세	전세 시세	용적률
① 아름마을5단지(풍림)	876	1993. 08	113,000	69,000	204%

• 75㎡ 기준

대형 평형으로 구성돼 있어 평형을 줄이면 재건축도 가능하다. 예를 들어 47 평의 경우 대지지분이 21평이므로 30평 초반대의 신축도 무상으로 받을 수 있다. 47평 시세가 15억 원 내외라고 본다면 분당 초역세권 30평대 신축 가치로 충분히 경쟁력이 있다.

5억 ~ 10억

느티마을 공무원 3·4단지는 리모델링 사업을 추진하고 있고, 사업이 끝나면 2,031세대로 탈바꿈한다. 단지 규모가 대단지 수준이고 입지 자체가 워낙 좋다. 초등학교(신기초)를 품에 안고 있는 데다 중학교(정자중)와 고등학교(한

솔고)도 매우 가까워 학령기 자녀를 키우기에 안성맞춤이다. 무엇보다 신분당선·분당선(정자역) 초역세권인 입지가 돋보인다.

최대의 장점이자 약점은 바로 리모델링 성사 여부다. 2018년 포스코를 리모델링 시공사로 선정할 당시만 해도 2021년 입주를 목표로 했으나 사업이 계속 지연되고 있다. 현재는 2차 안전진단 결과를 기다리는 중이다. 2차 안전진단 결과에 따라 향후 일정이 가늠될 것으로 보인다.

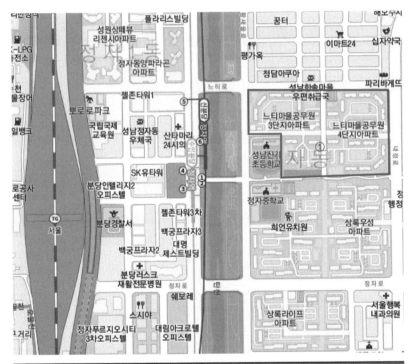

단지	세대수	입주년월	매매 시세	전세 시세	용적률
① 느티마을 공무원 3·4단지	1,776	1994.11	98,000	49,000	180%

• 느티마을 공무원 4단지 67㎡ 기준

치명적인 약점에도 불구하고 투자 수익이 굉장히 매력적이다. 리모델링 성사 시 추가분담금은 27평에서 35평 신축으로 가는데 약 2억 원 정도가 필요하다. 다소 보수적으로 잡아도 3억 정도다. 예를 들어 현재 매매 시세가 10억 남짓인데 추가분담금 3억을 더해서 13억으로 분당 (리모델링) 신축 35평을 얻을 수 있다면 크게 남는 장사라고 할 수 있다. 게다가 판교역과 불과 한 정거장 떨어져 있는 정자역 역세권 신축 아파트다. 정자역 역세권도 아닌 입주 16년 차 주상복합인 파크뷰 33평의 KB시세가 15억 원이다. 이는 느티마을 공무원 3·4단지가 얼마나 매력적인 투자 가치를 지니고 있는지를 보여준다. 리모델링 성사 여부에 따라 느티마을 공무원 3·4단지의 평가는 결정 날 것이다. 그러나 그 위험을 감안하더라도 투자 매력도는 충분하다.

■ **서남권**(양천구, 영등포구, 동작구, 강서구, 관악구, 구로구, 금천구) + **광명, 안산** ■

15억 이상

▼

서울 3대 도심 중 하나인 여의도에서도 수많은 아파트 단지가 재건축 사업에 시동을 걸고 있다. 그중에서도 가장 관심을 둬야 할 단지는 삼부다. 여의도역과 여의나루역 역세권 단지 중 삼부는 가장 세대수가 많은 데다 수많은 단지가 안전진단을 통과하지 못한 상황에서 이미 안전진단을 통과하고 조합 설립이 가시화되고 있기 때문이다. 삼부는 여의도에서 재건축 진척이 가장 빠른 곳이다.

비단 안전진단을 통과했다는 이유 하나만으로 삼부를 여의도 추천 단지 중 최우선으로 꼽은 것은 아니다. 기본적으로 삼부는 여의도에서 최고 수준의 입지를 자랑한다. 5호선(여의나루역) 초역세권으로 한강과 가까이 있으며 초중고등학교(여의도초·여의도중·여의도고·여의도여고)가 단지 바로 앞에 있다.

모두가 알다시피 여의도의 대표적인 랜드마크는 IFC몰이다. 그러나 곧 파크원이 이를 대체할 것으로 보이는데 삼부는 파크원 옆에 있다. 2조 1,000억원이 투입돼 2020년 7월에 완공된 파크원은 62만 9,047㎡의 면적을 자랑한다. 이는 축구장 88개의 크기와 맞먹으며 IFC몰의 1.3배이고 63빌딩의 4배크기다. 지하 7층~지상 72층과 지상 56층 규모의 오피스 두 개 동과 31층 규

단지	세대수	입주년월	매매 시세	전세 시세	용적률
① 삼부	866	1975. 12	175,000	59,500	

· 78㎡ 기준

삼부	27평	28평	38평	40평	50평	60평
대지지분	15.12평	16.41평	21.69평	22.27평	25.81평	31.02평

모의 호텔 한 개 동, 8층 규모의 백화점 한 개 동으로 구성되는 대규모 랜드마크가 단지 바로 옆에 생긴 것이다.

　삼부의 강점은 또 하나가 있는데 바로 '높은 대지지분'이다. 재건축의 사업성을 결정하는 요소인 높은 대지지분은 삼부의 큰 강점 중 하나다. 물론 지구단위계획 수립이 언제 될지 몰라 재건축 시기를 알 수 없는 불확실성은 단점이다. 그러나 이미 입주한 지 40년이 넘은 아파트 단지가 즐비한 곳이 여의도다. 언제까지나 여의도의 재건축을 막을 수도 없는 노릇이다. 다음 대선과 지방선거를 자세히 살펴보는 것을 추천한다. 입지적 장점, 재건축 사업성으로 볼 때 삼부는 여의도에서 가장 추천할 수 있는 단지다.

　목동 신시가지7단지(이하 **목동 7단지**)는 목동 신시가지 1~14단지 중 가장 대장 아파트로 일컬어지는 곳이다. 목동 7단지가 가장 입지가 좋다고 평가되는 이유는 5호선(목동역) 초역세권이기 때문이다. 1~14단지 중 역과 가장 가까운 단지라는 강점이 돋보인다. 게다가 근처에 대형 학원가 및 이마트와 홈플러스도 있어 학군, 실거주 편의성 모두를 충족한다. 주변에 고급 주상복합(**목동 트라팰리스 웨스턴에비뉴, 목동 현대하이페리온 II**)과 상업 시설 및 학원가가 조성되면서 목동의 대장 아파트 자리를 거머쥔 이력도 있다.

재건축 사업성에 큰 영향을 주는 대지지분 역시 훌륭하다. 27평(고층) 기준 대지지분이 무려 19평에 이른다. 재건축이 성사될 경우 추가분담금 없이 34평 신축을 받을 수 있다. 서울 3대 학군지의 34평 신축 가치를 가늠해본다면 현재의 가격은 저평가된 것이 맞다. 앞으로 가격이 더 오를지는 재건축 진척

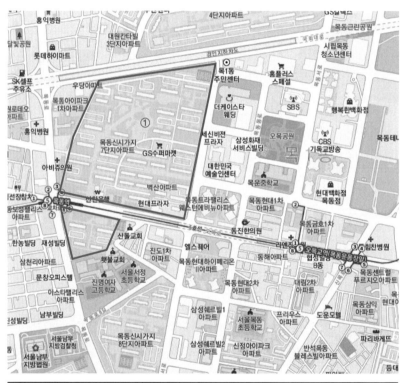

단지	세대수	입주년월	매매 시세	전세 시세	용적률
① 목동 신시가지7단지	2,550	1986. 10	156,500	54,000	125%

• 67㎡ 기준

156

상황에 달린 셈이다.

현재 재건축 사업을 옥죄고 있는 재건축 초과이익 환수제나 분양가 상한 제를 떠나서 목동 지구단위계획이 언제 수립되는지가 관건이다. 목동지구는 1980년대 택지개발지구로 지정됐기 때문에 재건축을 시행하기 위해서는 지구단위계획을 수립해야 한다. 그리고 지구단위계획이 있어야만 단지별로 정비구역을 지정할 수 있다. 정비구역 지정이 막힐 경우, 안전진단을 통과한 단지라도 재건축 사업을 시작할 수 없다. 따라서 목동 재건축의 첫발이라고 할 수 있는 지구단위계획 지정이 언제 될지가 핵심이다. 그런데 2020년 7월 말 교통환경영향평가를 통과해 기대감을 높이고 있다. 서울시가 재건축 규제 기조에서 입장을 달리할지 귀추가 주목된다.

▼

아크로리버하임은 흑석뉴타운의 흑석7구역 재개발을 통해 만들어진 단지다. 흑석역 초역세권이며 9호선 역세권 단지 중 일부 강남권을 제외하고는 가장 연식이 최신에 속하는 아파트다. 흑석동은 서울의 정중앙에서 약간 서쪽으로 치우친 곳이니만큼 핵심지로의 이동이 용이하다는 장점이 있다.

아크로리버하임의 경우 9호선을 이용하면 여의도와 강남까지 빠르게 갈 수 있고 자차를 이용해 한강대교만 건너면 바로 용산이다. 게다가 한강이 보이는 장점까지 갖고 있다. 아크로리버하임 옆의 흑석2구역까지 재개발이 완료되면 주변 환경이 지금보다 더 정비된다. 물론 단점도 있다. 주변에 마트, 백화점 등 상업 시설이 부족하고 고등학교가 멀다.

단지	세대수	입주년월	매매 시세	전세 시세	용적률
① 아크로리버하임	1,073	2019. 12	182,000	100,000	205%

• 84㎡ C형 기준

▼

　아크로타워스퀘어의 가장 큰 장점은 역시 5호선 초역세권(영등포시장역)이
라는 것이다. 게다가 신축이다. 여의도역까지 두 정거장 만에 갈 수 있어 신축

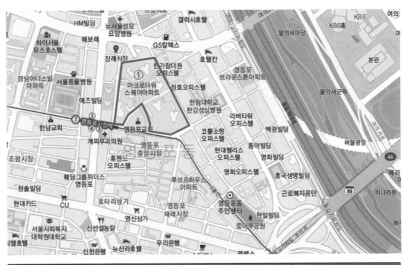

단지	세대수	입주년월	매매 시세	전세 시세	용적률
① 아크로타워스퀘어	1,221	2017. 08	152,000	80,000	370%

에 목마른 여의도 직장인들에게 어필하는 바가 크다. 차일피일 미뤄지는 여의도 지구단위계획과 연이은 여의도 재건축 단지의 안전진단 탈락 때문에 향후 6~7년 내 여의도 신축 단지가 탄생할 가능성이 희박하다고 볼 때 여의도 고소득 직장인들에게 아크로타워스퀘어는 매력적인 존재다. 직주근접에 신축 프리미엄을 길게 가져갈 수 있기 때문이다.

가까운 거리에 타임스퀘어와 신세계백화점이 있고, 단지 안 지하상가에도 마트가 있다. 단, 낙후된 주변 환경과 중고등학교가 멀리 있다는 점은 학령기 자녀를 키우는 수요자들에게 아쉬운 부분이다.

▼

신길뉴타운도 신안산선 완공 시 직접적인 혜택을 받는 곳이다. 신안산선 신풍역은 7호선 신풍역에서 서쪽으로 300m 떨어진 대영초교 교차로와 신길광장공원 교차로에 들어설 것으로 보이는데 7호선 신풍역과 지하로 연결될 예정이다. 기존에 신길뉴타운이 7호선을 통해 가산디지털단지역까지 세 정거장 만에 갈 수 있어 직주근접 경쟁력이 뛰어났다면, 신안산선 개통 시 여의도역까지도 세 정거장이면 갈 수 있어 경쟁력은 더욱 강화된다. 즉, 출근시간대 하차 인원이 가장 많은 역(가산디지털단지역)과 서울 3대 도심 중 하나(여의도역)에 대한 접근성이 매우 좋아진다는 뜻이다. 신안산선 개통으로 더블 역세권이 되는 신길뉴타운은 미래 가치가 기대되는 곳이다.

게다가 신풍역 북쪽이 대부분 신축 대단지 아파트로 바뀐다. 특히 여의도로 연결되는 신안산선 역세권 단지 중 신축 단지들이 가장 많이 들어선 곳이 신길뉴타운인 만큼 재건축 지연으로 신축에 목마른 여의도 고소득 직장인들의 주거 수요를 가장 많이 흡수할 수 있다. 지금까지는 7호선(신풍역) 초역세권인 래미안 에스티움이 신길뉴타운의 대장 아파트였다면 신안산선 개통 후에는 신안산선(신풍역)에 가장 가까운 신길 센트럴자이가 새로운 대장 아파트가 될 것이다.

신길 우성2차는 바로 옆 아파트 단지인 우창(214세대)과 함께 신탁 방식을 통한 재건축을 추진하고 있다. 2017년 10월에 한국자산신탁을 사업 시행자로 선정했고, 2020년 9월 영등포구청에서 시행자로 지정 고시했다. 한국자산신탁과 신길 우성2차 재건축추진위원회의 입주 목표일은 2026년 9월이다. 물론 목표일 대로 입주하는 재건축 단지는 매우 드물지만 신탁 방식의 재건축은

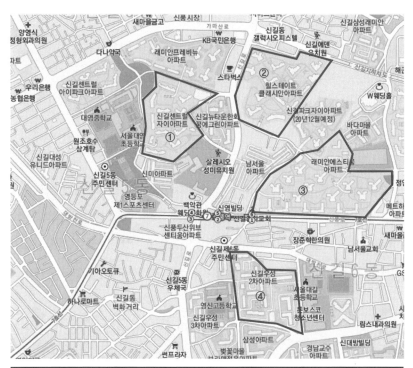

단지	세대수	입주년월	매매 시세	전세 시세	용적률
① 신길 센트럴자이	1,008	2020.02	145,000	70,000	239%
② 힐스테이트 클래시안	1,476	2020.12			252%
③ 래미안 에스티움	1,722	2017.04	149,000	63,500	253%
④ 신길 우성2차	725	1986.09	106,500	44,000	180%

• 래미안 에스티움 84㎡ B, C형 기준

빠르게 진행될 가능성이 있다.

현재의 시세는 저평가된 상태다. 입주 예정일을 알 수 없기 때문인데 재건축이 순조롭게 진행될 경우 기대이익은 매우 클 것으로 보인다. 서울시 정비

구역 지정 및 정비계획 수립안을 보면 신길 우성2차·우창 통합 재건축은 최고 32층 1,305세대로 거듭날 전망이다. 현재로서는 추가분담금 규모를 산출할 수 없으나 재건축 후 주변 단지들보다 신축으로 거듭난다는 점만으로도 눈여겨볼 만하다.

▼

광명역 태영데시앙, 써밋플레이스, 센트럴자이, 파크자이는 단지명 그대로 광명역 주변 신축 단지들이다. 따라서 우선 광명역의 입지를 설명할 필요가 있다.

광명역은 현재 1호선 및 KTX가 다니는 교통의 요충지다. 앞으로 신안산선(2019년 착공, 2024년 개통 목표)과 월곶판교선(2021년 착공, 2025년 개통 목표)도 광명역을 지나갈 예정이다. 일자리가 풍부한 여의도와 판교로 연결되는 노선이 생기는 셈인데 이는 광명역의 직주근접성을 강화하는 요소다.

이뿐만이 아니라 2조 4,000억 원을 투입해 2024년까지 도시첨단산업단지, 일반산업단지, 유통단지, 배후 주거단지 등 네 개 단지를 조성하는 '광명시흥테크노밸리' 사업이 진행되고 있다. 이미 2020년 6월 토지보상이 시작돼 급물살을 타고 있다. 광명역 주변에 대규모 일자리가 생기는 것이다. 광명역은 이미 주변에 풍부한 인프라를 갖추고 있는데, 잘 알다시피 롯데몰, 코스트코, 이케아가 모두 근처에 있다.

게다가 현재 운영 중인 롯데시네마 외에 CGV가 2020년 12월 오픈 예정이며, 중앙대학교 병원도 2021년 9월 개원 예정이다. 실생활 측면에서 부족함이 없는 입지인데 여기에서 더 좋아진다는 이야기다.

그런데 광명역 주변 네 개 단지가 모두 신축이다. 광명역 푸르지오까지 합

단지	세대수	입주년월	매매 시세	전세 시세	용적률
① 광명역 태영데시앙	1,500	2020. 01	130,000	78,000	
② 광명역 써밋플레이스	1,430	2018. 02	121,000	64,200	349%
③ 광명역 센트럴자이	1,005	2018. 12	132,250	67,500	349%
④ 광명역 파크자이	875	2017. 07	129,700	68,000	349%

• 네이버 부동산 시세 및 최신 실거래가 기준

치면 6,000세대라는 규모도 물량 부담 측면에서 매력적이다.

이러한 장점을 보자니 비슷한 지역이 떠오른다. 바로 판교다. 두 지역의 비슷한 점은 한두 개가 아니다. 먼저 교통망을 살펴보자. 판교에는 신분당선과 GTX-A, 광명에는 1호선, KTX, 신안산선, 월곶판교선이 있다. 또한 일자리 측면에서 살펴보면, 판교테크노밸리와 광명시흥테크노밸리라는 호재가 있다. 그리고 수도권 최대 백화점(판교 현대백화점)이 있는 판교와 롯데몰, 코스트코, 이케아가 있는 광명은 인프라 측면에서도 유사하다. 심지어 아브뉴프랑이 위치한 것도 똑같다.

따라서 광명은 서남권에서 판교와 같은 위세를 떨칠 가능성이 충분하다. 그런 관점에서 광명역 주변의 신축 단지 네 곳은 앞으로 서남권의 유망 아파트로 손색이 없다.

▼

기존의 주요 업무지구는 3대 도심, 즉 GBD(강남권), CBD(도심권), YBD(여의도권)다. 그 외에 서울에서 조성하고 있는 업무지구라고 하면 서남권의 마곡지구가 떠오르는데 마곡지구의 가장 대표적인 아파트는 마곡 엠밸리7단지다.

일단 마곡 엠밸리7단지는 트리플 역세권이다. 9호선·공항철도(마곡나루역), 5호선(마곡역)이 지나간다. 게다가 마곡지구의 중심이라 할 수 있는 LG사이언스파크까지 걸어서 갈 수 있다는 장점, 마곡 외에도 9호선으로 여의도역, 공항철도로 디지털미디어시티역 및 서울역 등 주요 업무지구로의 접근성이 뛰어나다는 장점이 있다.

여기에 더해 마곡 엠밸리7단지뿐 아니라 마곡지구 전체에 커다란 호재가 있다. 5호선 마곡역 앞 부지에 초대형 상업, 업무시설 '원 웨스트 서울(One

West Seoul)'이 들어서는 것이다. 이름 그대로 서울 서부에 특별한 공간을 만들 겠다는 의미다. 지하 7층~지상 12층 규모로 연면적이 45만 8,661m²에 이르 는데 이는 여의도 63빌딩의 세 배 수준이다. 2021년 착공, 2024년 완공이 목 표인 원 웨스트 서울은 대기업들을 위한 프라임 오피스 빌딩과 레지던스 호

단지	세대수	입주년월	매매 시세	전세 시세	용적률
① 마곡 엠밸리7단지	1,004	2014. 06	135,000	75,000	238%

텔, 대형 리테일 상업 시설들로 구성될 예정이다.

마곡지구의 고용인구는 16만 5,000명에 이르는데 이에 비해 주택은 부족한 실정이다. 따라서 마곡지구 주택의 희소성은 더 커질 것으로 기대되며 원웨스트 서울과 가까운 마곡 엠밸리7단지의 입지는 더욱 좋아질 것이다.

▼

목동 신시가지 단지는 1단지부터 14단지까지 광범위한 규모다. 목동 신시가지7단지를 서남권 15억 이상 추천 단지로 언급한 바 있다. 그러나 여기서 다시 목동11단지와 12단지를 추천하는 이유가 있다. 바로 목동 11단지와 12단지의 풍부한 대지지분 때문이다.

목동 1~14단지 중 11단지와 12단지의 대지지분이 가장 많은데, 27평 기준으로 1·11·12단지만 20평 이상의 대지지분을 갖는다. 특히 11단지는 정밀안전진단을 통과한 몇 안 되는 곳이다. 현재로서는 입지와 실거주 가치 중심으로 단지별 시세가 나뉘지나 재건축이 진행될수록 사업성에 초점을 맞춰 시세가 달라질 가능성이 크다. 그런 측면에서 볼 때 목동 11·12단지의 풍부한 대지지분은 충분히 매력적인 포인트다.

다음 페이지의 목동 1~14단지의 27평 KB시세를 대지지분으로 나눈 '대지지분당 평당가'를 나타낸 표를 보자. 11단지와 12단지의 대지지분당 평당가가 7,000만 원 이하로 가장 낮은 것을 확인할 수 있다. 특히 11단지는 가장 저평가돼 있으며 12단지 역시 2호선(양천구청역) 역세권임을 고려한다면 저평가돼 있다고 말할 수 있다. 따라서 재건축 진행 상황에 따라 11단지와 12단지의 가치는 달라질 것이다.

단지	세대수	입주년월	매매 시세	전세 시세	용적률
① 목동 신시가지11단지	1,595	1988. 10	125,000	44,000	120%
② 목동 신시가지12단지	1,860	1988. 10	127,000	50,750	119%

• 66㎡ 기준

목동 단지별 대지지분당 평당가

단지	1	2	3	4	5	6	7	8	9	10	11	12	13	14
지분	20.3	18.2	19.1	18.6	19.1	17.8	19.2	16.6	17.9	19.5	21.4	20.4	16.1	17.3
가격	14.25	14.10	14.35	14.60	15.50	14.65	15.65	13.50	14.50	14.00	12.50	12.70	13.50	13.50
평당가	0.70	0.77	0.75	0.78	0.81	0.82	0.82	0.81	0.81	0.72	0.58	0.62	0.84	0.78

• 1~14단지에 모두 있는 평형이 27평(고층)이므로 해당 평형 기준으로 비교했음
•• 2020년 12월 4일 KB시세 기준(단위 : 억 원)

▼

당산 센트럴아이파크는 황금 노선이라 불리는 2호선과 9호선(당산역) 역세권 단지다. 주변에 아파트가 많아 환경이 정비된 느낌이고 롯데빅마켓도 단지 바로 옆에 있어 실거주 가치도 뛰어나다. 2호선을 타면 시청역까지 일곱 정거장, 구로디지털단지역까지 다섯 정거장 만에 갈 수 있고 9호선을 타면 여의도역까지 두 정거장 만에 갈 수 있다.

게다가 신축이기 때문에 그 가치는 뛰어날 수밖에 없다. 특히 여의도에서 가장 가까운 거리의 신축이라면 아크로타워스퀘어와 당산 센트럴아이파크

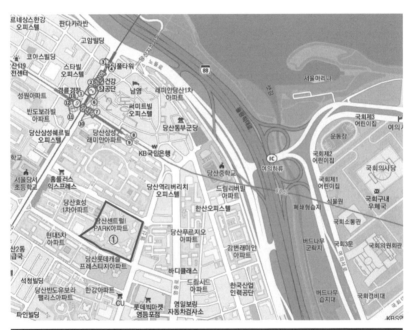

단지	세대수	입주년월	매매 시세	전세 시세	용적률
① 당산 센트럴아이파크	802	2020.05			300%

를 꼽을 수 있는데, 아파트 자체 수준 및 쇼핑하기 좋은 환경은 아크로타워스 퀘어, 더블 역세권 및 주변 환경은 당산 센트럴아이파크가 더 낫기 때문에 각자의 취향에 맞춰 선택하면 된다.

여의도 재건축 사업 속도를 고려했을 때 당산 센트럴아이파크는 신축 프리미엄을 상당 기간 누릴 수 있을 것이다.

▼

e편한세상 영등포아델포레는 e편한세상 보라매2차를 재건축한 아파트로 2020년 7월 입주한 단지다. 지도를 보면 e편한세상 영등포아델포레는 역세권이 아니다.

그러나 신안산선이 개통되면 대림삼거리역이 대림삼거리와 대림사거리 사이에 생기면서 역세권 단지로 거듭난다. 기존에는 역세권이 아니었는데 새로 역세권이 되는 단지는 그 가치가 크게 올라가는 게 당연하다.

게다가 신안산선을 타면 한 정거장이면 구로디지털단지역, 네 정거장이면 여의도역까지 갈 수 있다. 단숨에 직주근접 경쟁력이 크게 올라간다.

대형 병원(한림대학교 강남성심병원)이 단지 바로 뒤에 있다는 것도 큰 장점이다. 신풍역 남쪽으로는 신길 우성2차를 제외하고는 향후 수년간 500세대 이상 신축 단지가 나오기 어렵다고 볼 때 e편한세상 영등포아델포레는 신안산선 호재 외에도 신축 프리미엄을 상당히 오랜 시간 유지할 수 있다.

단지	세대수	입주년월	매매 시세	전세 시세	용적률
① e편한세상 영등포아델포레	859	2020. 07			249%

▼

롯데캐슬 골드파크3차는 47층 높이의 고층 아파트로서 그 자체만으로도 금천구의 랜드마크 단지다. 게다가 신안산선의 호재를 누리는 단지로서 시흥사거리역이 들어서면 일부 동은 역세권으로 거듭난다. 원래도 1호선(금천구청역) 역세권 단지여서 가산디지털단지로의 접근성이 뛰어났으나 신안산선이 개통되면 여의도로의 접근성도 개선된다.

단지	세대수	입주년월	매매 시세	전세 시세	용적률
① 롯데캐슬 골드파크3차	1,236	2018. 10	110,000	67,500	499%

롯데캐슬 골드파크3차는 입지 자체가 좋다. 2016년 11월과 2017년 9월 준공된 롯데캐슬 골드파크1차와 2차에 이어 3차 입주로 3,000세대가 넘는 롯데타운이 건설돼 대단지 효과를 누릴 수 있게 되었다. 롯데타운이 초등학교(금나래초)를 둘러싸 학군의 균질성이 확보된 점도 무시할 수 없는 장점이다. 게다가 금나래 초등학교 앞에 금나래 문화체육센터가 세워져 주민들은 단지 바로 앞에서 수영장, 체육관, 체력단련장을 이용할 수 있다. 금천구에 당분간 신축 예정 단지가 없다는 점도 롯데캐슬 골드파크3차의 신축 프리미엄 유지에 도움이 될 것으로 보인다. 단, 중고등학교가 멀다는 점은 다소 아쉽다.

5억 ~ 10억

▼

구로 주공은 1호선(구일역) 역세권으로 초중고(구일초·구일중·구일고)도 단지와 붙어 있어 실거주 가치가 좋은 곳이다. 주변에 고척돔이 있어 스포츠·문화생활을 누릴 수 있고, 2022년에는 코스트코가 생길 예정이다.

또한 구로 주공 서쪽에 위치하는 서부간선도로 지하화 작업이 2021년 완공 목표로 진행 중인데 지하화 작업이 마무리되면 극심한 정체 현상이 어느 정도 해소될 수 있다. 구로구민의 숙원사업인 구로차량기지 이전은 이전 대상지인 광명의 극심한 반대로 진척되지 않고 있다. 그러나 구로 주공의 장점이 하나 더 있다. 바로 '재건축'이다.

구로주공은 안전진단 기준이 강화되기 전인 2018년 6월 안전진단을 막차로 통과한 단지다. 특히 33평 대지지분이 20.3평에 달해 재건축 사업성이 우수하다. 재건축 시 동일한 신축 평형을 별도의 추가분담금 없이 받을 수 있는 수준이다.

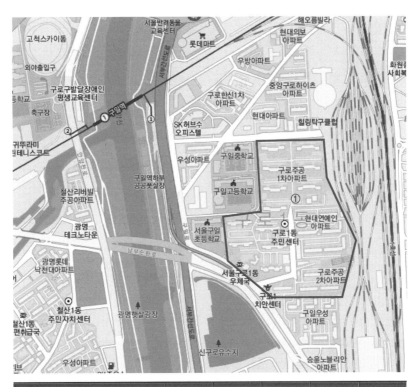

단지	세대수	입주년월	매매 시세	전세 시세	용적률
① 구로 주공	2,126	1986. 06	88,000	35,500	154%

▼

　신안산선 중앙역은 남쪽 끝인 한양대역에서 불과 두 정거장 떨어져 있어 사
실상 끝자락에 있는 역이라고 할 수 있다. 단지를 설명하기 전에 먼저 우리나
라의 GTX와 비슷한 개념으로 2009년 착공해 2021년 개통 예정인 영국 크
로스레일의 사례를 살펴보자. 런던 중심지보다 동서쪽 종점 인근 주택의 집
값 상승률이 더 높았는데 이를 통해 우리나라에서도 그동안 핵심지에서 소

단지	세대수	입주년월	매매 시세	전세 시세	용적률
① 힐스테이트 중앙	1,152	2018. 11	70,000	43,000	267%
② 안산 센트럴푸르지오	990	2018. 04	71,000	43,500	245%

• 안산 센트럴푸르지오 84㎡ B형 기준

외된 외곽 지역의 집값이 철도 개통으로 인해 올라갈 것이라 예상해볼 수 있다. 그런 측면에서 신안산선 중앙역 역세권 단지인 힐스테이트 중앙과 안산 센트럴푸르지오도 기대되는 곳이다.

신안산선 중앙역에서 여의도까지 급행 기준으로 22분 만에 갈 수 있는데 여의도 직장인들을 끌어들이기에는 물리적인 거리가 다소 멀다는 지적이 있다. 그러나 중앙역 역세권 대단지의 강점이 하나 더 있다. 바로 신축이다. 신안산선이 2024년에 개통돼도 힐스테이트 중앙과 안산 센트럴푸르지오는 입주한 지 6년에 불과해 새로운 철도망 개통으로 창출되는 주거 수요를 끌어들이기에 충분하다.

이미 4호선(중앙역) 역세권인 만큼 인근 인프라도 훌륭하다. 롯데백화점, 롯데시네마, 롯데마트 등이 단지 주변에 있고 대로를 건너면 곧바로 초중학교(중앙초·중앙중)가 있어 학령기 자녀를 키우기 좋은 환경이다.

▼

신안산선 목감역 역세권으로 예정된 단지 중에는 대단지가 없다. 목감역을 감싸듯이 자리잡은 단지들은 모두 500~600세대 수준이다. 추천 단지로 삼

단지	세대수	입주년월	매매 시세	전세 시세	용적률
① 호반베르디움 더프라임	580	2017. 02	66,500	35,000	185%

기에 아쉬운 규모임에도 불구하고 추천하는 데에는 그만한 이유가 있다.

지도에서 보듯 철도망에 있어서 불모지에 가까운 곳이 목감지구다. 그런데 이곳에 새로운 철도망(신안산선)이 생긴다. 이는 무엇을 의미할까? 기존 철도망이 없던 곳일수록 새로운 철도망이 생길 경우 가치는 큰 폭으로 오른다.

특히 목감지구 아파트는 같은 신안산선 역세권인 신축 단지와 비교했을 때 매매 시세가 낮다. 안산 신축 단지는 지하철 4호선이라는 철도망 인프라가 이미 구축돼 있기 때문이다. 그러나 신안산선이 개통되면 여의도, 구로디지털단지, 광명에 대한 접근성에서 목감지구가 안산보다 앞서므로 보다 큰 폭의 가치 상승을 기대할 수 있다. 광명역과 목감역 사이의 광명시흥테크노밸리 역시 직주근접 경쟁력을 높인다.

5억 이하

▼

신안산선 성포역은 다이아몬드와 비슷한 형태의 월피공원에 들어설 예정이다. 그 주변을 많은 아파트 단지들이 둘러싸고 있어 신안산선이 개통되면 역세권 단지의 수는 늘어난다. 그 안에서도 상대적으로 더 나은 재건축 사업성을 확보하기 위해 용적률 150% 이하인 단지들만 골랐다. 그렇게 해서 추려진 단지가 월피주공1·3단지와 성포주공11단지다. 이 단지들의 매매가와 전세가의 차이는 일 년 전 5,000만 원 내외였으나 현재는 1억 1,000만 원~1억 5,000만 원 사이다. 그러나 수도권에서는 여전히 크지 않은 차이다. 상대적으로 매매가가 낮은데 이는 교통이 아직 불편하고 오래된 단지라는 단점이 반영되었기 때문이다. 이를 거꾸로 뒤집어보면 교통망이 개선되고(신안산선 개통)

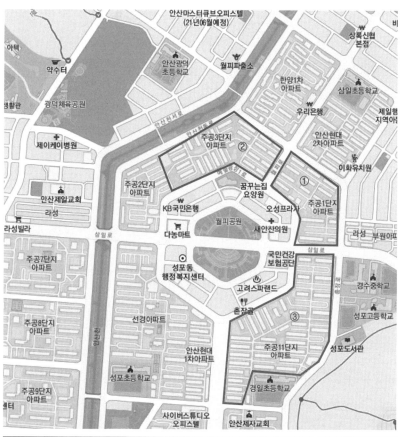

단지	세대수	입주년월	매매 시세	전세 시세	용적률
① 월피주공1단지	860	1993. 05	25,750	11,750	130%
② 월피주공3단지	660	1995. 11	26,000	11,500	90%
③ 성포주공11단지	1,975	1994. 11	26,250	14,750	150%

· 월피주공1·3단지 50㎡, 성포주공11단지 고층 58㎡ 기준

단지가 신축으로 바뀔 경우(재건축 성사), 재평가가 이뤄진다는 뜻이다. 2024년

에 신안산선이 개통되면 월피주공1·3단지와 성포주공11단지는 입주한 지 30년 내외가 되어 재건축 연한에 다다른다. 그리고 신안산선 개통으로 가치가 올라가면 재건축 논의도 활발해질 것이다. 이때 월피주공1·3단지와 성포주공11단지의 낮은 용적률은 매력적인 요소로 다가올 것이다. 물론 재건축은 긴 관점에서 접근할 것을 추천한다.

■ 도심권(용산구, 종로구, 중구) ■

15억 이상

▼

서울 5대 권역 중 도심권은 아파트가 가장 부족한 지역이다. 권역별로 사업체 종사자 수를 아파트 세대수로 나눠보면 해당 권역의 사업체 종사자 수와 비교해 아파트가 얼마나 적은지 확인할 수 있다. 이를 서울 열린데이터광장에서 확인해본 결과, 2019년 기준으로 도심권이 10.3으로 가장 높았다. 참고로 동남권 3.9, 서남권 2.8, 서북권 2.6, 동북권 1.7이었다. 이는 곧 도심권 아파트 한 채당 사업체 종사자 수가 10.3명이나 된다는 의미이므로 그만큼 도심권의 아파트가 희소하다는 뜻이다. 다른 권역과 비교했을 때 도심권 아파트가 얼마나 희소가치가 있는지 알 수 있는 대목이다.

안 그래도 도심권 아파트는 희소한데 그중에서도 경희궁자이는 도심권 대장 아파트인 만큼 그 가치가 높을 수밖에 없다. 특히 3호선·5호선(독립문역) 더블 역세권으로 광화문역과도 매우 가깝다. 광화문역 반경 1km 내 500세대 이상 유일한 신축 아파트다. 아파트 이름 그대로 인근에 경희궁, 덕수궁, 경복

단지	세대수	입주년월	매매 시세	전세 시세	용적률
① 경희궁자이	1,919	2017. 02	175,000	106,500	252%

• 1단지는 임대 아파트로 세대수에서 제외

궁 등 고궁들이 즐비한 독특함도 경희궁자이의 매력이다. 강북삼성병원, 서대
문독립공원, 이화여자외국어고 등 각종 생활 인프라를 갖추고 있다. 이러한
장점들로 인해 광화문 고소득 직장인들의 관심을 꾸준히 받을 수 있으며 서울
사대문 안팎으로 이런 단지가 앞으로 나올 가능성이 작다는 점 역시 경희궁자
이의 미래 가치를 돋보이게 한다.

▼

e편한세상 옥수파크힐스 역시 도심권에서 희소성 있는 신축 아파트다. 경
희궁자이와 비슷한 세대수이며 3호선(금호역) 초역세권으로 강남과 도심권 접

단지	세대수	입주년월	매매 시세	전세 시세	용적률
① e편한세상 옥수파크힐스	1,976	2016. 11	165,000	95,000	208%

· 84.3㎡ 기준

근성이 훌륭하다. 특히 금호역 출구에서 단지 안으로 들어갈 수 있는 엘리베이터가 다섯 개나 있어 초역세권인 장점을 더욱 극대화한다. 단지가 언덕에 위치하나 엘리베이터를 타면 언덕을 직접 오르내리지 않아도 된다.

고등학교가 주변에 없는 것은 단점이나 단지 내에 국공립 유치원이 많아 어린 아이를 키우기에는 제격이다. 단지 뒤가 매봉산이라 녹지가 풍부하고 신축치고는 드물게 용적률 208%다. 거기에 2018년 4월에 오픈한 커뮤니티가 매우 고급스럽게 잘 지어져 입주민들의 호평을 받고 있다. 도심 속 리조트와 같은 느낌을 주는 단지라고 할 수 있다.

용산은 서울 한복판에 있는 것만으로 그 가치는 충분하다. 서울 3대 도심의 중간에 위치해 교통의 최고 요충지인 서울역과도 매우 가깝다. 용산의 입지 가치는 워낙 뛰어나 단군 이래 최대 개발 사업이라 일컬어지는 '용산 국제업무지구' 추진 여부로 늘 들썩인다. 그런 용산에는 주상복합이 많은데 그 가운데 용산 e편한세상은 몇 안 되는 아파트 단지 중 하나다. 잠재력이 가득한 용산에 있는 아파트 단지라는 희소성이 용산 e편한세상의 최대 강점이다. 무엇

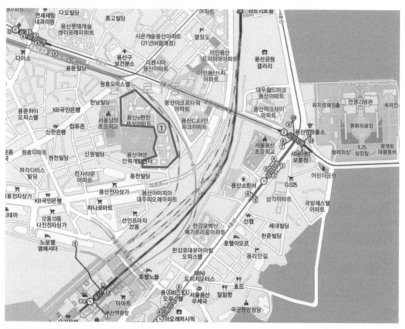

단지	세대수	입주년월	매매 시세	전세 시세	용적률
① 용산 e편한세상	867	2011.04	160,000	84,000	250%

• 84㎡ B형 기준

보다 용산 국제업무지구 개발이 시작되면 아파트 단지로는 용산 e편한세상이 가장 큰 수혜를 볼 것이다.

물론 용산 국제업무지구는 언제 개발될지 미지수다. 그러나 용산 e편한세상의 입지는 그 자체만으로도 훌륭하다. 1호선(용산역)·4호선(삼각지역)·6호선(삼각지역)·경의중앙선(효창공원앞역)과 가깝고, 초등학교(남정초)를 품고 있기 때문이다. 그리고 용산 민족공원(구 용산 미군기지)은 인근에 위치한 용산 e편한세상 주민들에게 차원이 다른 쾌적함을 선사할 것이다.

▼

서울역 센트럴자이는 이름 그대로 서울역 역세권 신축 대단지다. 서울역은 현재도 KTX, 1호선, 4호선, 공항철도, 경의선 등 다섯 개 노선이 다니는 대한민국 교통 최고 요충지다. 여기에 더해 GTX-A·B와 신안산선까지 개통될 경우 그 가치는 더욱 올라갈 것이다.

GTX-A와 신안산선이 개통될 2024~2025년에도 서울역 센트럴자이는 입주한 지 7~8년에 불과하다. 여전히 신축 범주 안에 드는 아파트로서 서울역의 교통망 수혜를 한몸에 받게 될 것이다. 외근 및 출장이 많은 직장인의 주거 수요를 끌어들이기에 최적의 아파트다.

초중고등학교를 품에 안고 있을 뿐 아니라 단지 크기에 육박하는 큰 규모의 공원(손기정 체육공원)까지 인근에 있어 도심권이라고 생각하기 힘든 쾌적함이 큰 자랑이다. 손기정 체육공원은 문화체육센터, 어린이도서관, 축구장, 테니스장, 배드민턴장까지 겸비해 서울역 센트럴자이 주민들에게 좋은 휴식처를 제공한다.

거기에 서울역 북부역세권 개발 계획은 서울역 센트럴자이의 입지 강화에

단지	세대수	입주년월	매매 시세	전세 시세	용적률
① 서울역 센트럴자이	1,341	2017. 08	150,000	79,500	234%

날개를 달아줄 것으로 보인다. 2019년 7월 한화종합화학 컨소시엄이 우선협상대상자에 선정되면서 속도를 내기 시작한 서울역 북부역세권 개발 계획은 한화그룹이 1조 6,000억 원을 투입해 서울역사 뒤 유휴 철도용지 약 5만 ㎡에 전시, 컨벤션, 호텔, 쇼핑, 업무시설 등을 세울 계획이다.

10억 ~ 15억

▼

입주 18년 차를 넘어선 남산타운은 신축도 아니거니와 재건축을 바라볼 수도 없는 애매한 연식의 단지다. 그런데도 남산타운을 추천 단지로 꼽은 이유는 무엇일까? 2018년 6월 서울시에서 최종 선정한 '서울형 리모델링 시범단지' 일곱 곳 중 하나이기 때문이다. 높은 용적률로 재건축 사업성이 떨어져 리모델링 외에 다른 대안이 없었는데 마침 서울시에서 최선의 대안을 제공해준 셈이다. SH공사 임대 아파트 일곱 개 동을 제외한 3,116세대만 리모델링이 추진되는데 서울시의 지원이 합세할 경우 생각보다 빠르게 사업이 진행될 수

단지	세대수	입주년월	매매 시세	전세 시세	용적률
① 남산타운	3,116	2002. 05	122,500	64,000	231%

• 임대 아파트 2,036세대는 세대수에서 제외

도 있다.

6호선(버티고개역) 초역세권, 3호선(약수역) 역세권인 데다 아파트 이름 그대로 남산과 가까워 서울의 대표적인 숲세권 아파트다. 리모델링을 통해 신축으로 거듭나면 서울 유수의 인기 단지가 될 잠재력이 충분하다. 물론 수직증축을 위한 내력벽 철거 허용 여부가 수년째 결정되지 않고 있다. 이는 리모델링 사업의 최대 걸림돌이다. 그러나 기본적인 입지 자체가 훌륭한 만큼 국토교통부의 최종 결정을 지켜보고 진입하는 것이 좋겠다.

■ 동북권(성동구, 광진구, 동대문구, 성북구, 노원구, 강북구, 중랑구, 도봉구) ■

15억 이상

▼

왕십리역은 현재 2호선, 5호선, 수인분당선, 경의중앙선 등 네 개 노선이 다니는 동북권 교통의 요충지로 서울숲 리버뷰자이는 왕십리역과 500~600m 떨어져 있다. 기본적으로 동북권은 일자리가 부족한 권역인 만큼 주요 업무지구와의 접근성이 뛰어난 단지를 고려해야 한다. 왕십리역은 을지로입구역까지 여섯 정거장, 광화문역까지 일곱 정거장, 선릉역까지 다섯 정거장이면 갈 수 있는 곳이다.

서울숲 리버뷰자이는 강변북로 진입이 매우 용이하고 응봉교를 지나 성수대교를 건너면 압구정으로 바로 진입할 수 있는 등 자차 교통도 편리하나. 강남과 도심권 업무지구 접근성이 뛰어나 동북권에서 최고 수준의 매매 시세를 자랑한다. 중랑천을 조망할 수 있고, 삼표 레미콘 이전으로 더욱 좋아질 서울

185

단지	세대수	입주년월	매매 시세	전세 시세	용적률
① 서울숲 리버뷰자이	1,034	2018. 06	161,000	91,500	281%

숲에 금방 갈 수 있다는 것도 서울숲 리버뷰자이의 큰 장점이다. 단, 일부 동에서 지상철 소음이 들려 불편함이 있다.

▼

왕십리뉴타운이 재개발된 센트라스는 2호선(상왕십리역) 초역세권 대단지다. 상왕십리역 상권을 단지 상가처럼 이용할 수 있다. 게다가 2호선을 타면 대기업과 은행 본사가 밀집한 을지로3가, 을지로입구역까지 네다섯 정거장이면 도착해 도심권 업무지구까지 빠르게 갈 수 있어 그 가치가 높을 수밖에 없다. 특이한 점도 있다. 센트라스는 고등학교(도선고)를 품에 안고 있는 흔치 않은 단지이기도 한데, 인근에 중학교가 없다. 중학교가 없다는 사실은 학령

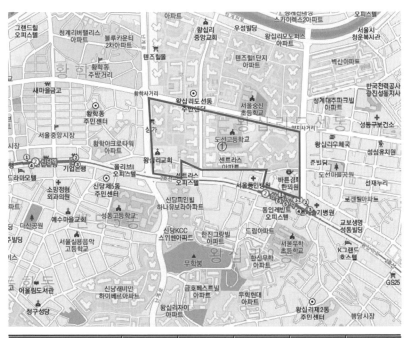

단지	세대수	입주년월	매매 시세	전세 시세	용적률
① 센트라스	2,529	2016. 11	160,000	90,000	312%

• 84㎡ BEI형 기준

기 자녀들을 키우는 가구의 주거 수요를 끌어내기 힘들다는 측면에서 큰 단점이다. 그러나 중학교가 없어도 이 가격인 만큼 중학교가 들어설 경우 큰 시세 상승이 가능한 곳이라고 할 수 있다. 마침 중학교 신설 용역 발주가 돼 있는 상태이며 성동구청에서도 왕십리뉴타운 중학교 신설을 중요한 과제로 삼고 있어서 진행 상황을 지켜보는 것이 좋겠다.

10억 ~ 15억

▼

청량리가 천지개벽하고 있다. 굵직한 개발이 즐비하다. 특히 청량리4구역에서는 롯데가 65층 규모 주상복합 건물 네 개 동과 호텔, 백화점, 공연장 등을 갖춘 42층 규모 건물 한 개 동을, 동부청과시장 부지에는 한양이 59층 규모 주상복합 건물 네 개 동을, 청량리3구역에서는 효성과 진흥이 40층 규모 주상복합 건물 두 개 동을 짓고 있다. 모두 준공 목표는 2023년으로 이제껏 청량리에서 볼 수 없었던 고층 건물이 세워지면 청량리 지역의 이미지는 크게 달라질 것이다.

그뿐만이 아니다. 현재도 1호선, 수인분당, 경의중앙선, 경춘선 등이 통과하는 청량리역은 GTX-B와 C도 지나갈 예정이다. GTX 세 개 노선 중 두 개 노선이 다니는 곳이 서울역, 삼성역, 청량리역이다. 청량리역은 서울 동북권 교통망의 핵심지로 거듭난다. 게다가 수인분당선 개통으로 선릉역까지 여섯 정거장 거리인 청량리역은 GTX-C 개통 시 삼성역과 한 정거장 거리로 강남과의 접근성이 좋아진다.

이런 청량리역 개발의 가장 큰 혜택을 받을 단지가 래미안 전농크레시티다.

단지	세대수	입주년월	매매 시세	전세 시세	용적률
① 래미안 전농크레시티	2,397	2013. 04	141,500	72,000	235%

청량리역 역세권 단지 중 가장 큰 규모이고 입주한 지 8년 차에 접어들어 여전히 신축의 범주 안에 들기 때문이다. 래미안 전농크레시티는 초등학교(전농초), 중학교(동대문중)도 인근에 있는 데다 청량리역에 있는 롯데백화점과 롯데마트도 손쉽게 이용할 수 있어 생활 편의성도 좋다. 단지 옆 공터에는 서울 대표 도서관이 생긴다. 청량리의 가치가 점차 올라가면서 래미안 전농크레시티의 가치 역시 상승할 것이다.

엄밀히 말하면, 꿈의숲 아이파크, 래미안 장위퍼스트하이, 장위포레카운티는 역세권 단지가 아니다. 1호선(광운대역)과 1km 정도 떨어져 있다. 그런데도 세 단지를 추천 대상에 올린 이유는 따로 있다.

우선 꿈의숲 아이파크는 새로운 역세권 단지가 될 전망이다. 2025년 개통을 목표로 왕십리와 상계를 잇는 동북선이 2020년 7월 착공에 들어갔는데 북서울꿈의숲 동문삼거리역이 신설되면 새로운 역세권 단지가 된다. 물론 동북선 노선도를 보면 주요 업무지구로 직접 연결되지 않기 때문에 집값 상승에는 한계가 있을 수 있다. 그러나 1·2·4·6·7호선으로 환승할 수 있는 역이 일곱 개나 생기기 때문에 교통망이 부족했던 곳에 철도 노선이 생기는 기저 효과를 무시할 수 없다. 준공이 다가올수록 꿈의숲 아이파크는 상승할 수밖에 없다.

래미안 장위퍼스트하이와 장위포레카운티는 동북선 준역세권의 위치다. 신축이고 단지 규모도 커서 청량리와 더불어 동북권 최대 개발사업으로 꼽히는 광운대 역세권 개발사업의 혜택을 받을 수 있을 것이다. 광운대 역세권 개발사업은 광운대역 앞 물류 시설을 개발해 49층 규모 랜드마크 타워와 37층 규모 주상복합 아파트를 짓는 사업이다. 시공 규모만 2조 원에 육박하는 수준으로 현대산업개발이 개발을 진행한다. 도서관과 체육시설, 주민센터 등 복합 문화시설 구축도 계획하고 있어 주변 단지에 호재다. 2022년경 착공 예정인 광운대 역세권 개발사업은 자연스레 두 단지에도 호재로 작용한다. 또한 초등학교(광운초)와 중학교(남대문중)가 단지 바로 앞에 있고 신축치고는 낮은 용적률에다 우이천도 앞에 흐르고 있어 쾌적함을 자랑한다.

장위뉴타운 4구역이 일반분양 준비 중으로 GS자이 2,840세대로 거듭날

단지	세대수	입주년월	매매 시세	전세 시세	용적률
① 꿈의숲 아이파크	1,711	2020. 12			267%
② 래미안 장위퍼스트하이	1,562	2019. 09	107,500	62,000	229%
③ 래미안 장위포레카운티	939	2019. 06	108,500	59,500	231%

• 래미안 장위퍼스트하이 84㎡ B형, 래미안 장위포레카운티 84㎡ A형 기준

예정이며 6구역과 10구역이 관리처분인가 준비 중이고 7구역이 꿈의숲 아이
파크 1,711세대로 2020년 12월 입주하는 등 재개발 완료로 연이어 입주함
으로써 세 단지의 주변 환경이 정비되는 장점도 무시할 수 없다.

▼

월계시영(미성·미룡·삼호3차)은 많은 부동산 카페에서 '미미삼'이라 불리는 대형 단지다. 1986년 입주해 재건축 연한이 다다름에 따라 재건축을 추진 중이나 2019년 10월 예비안전진단에서 C등급을 받아 탈락한 것이 흠이다. 그

단지	세대수	입주년월	매매 시세	전세 시세	용적률
① 월계시영(미성)	1,620	1986. 04	67,750	21,500	
② 월계시영(미룡)	1,050	1986. 04	69,000	21,500	131%
③ 월계시영(삼호3차)	1,260	1986. 06	77,500	25,000	

• 미성 50㎡, 미룡 51㎡, 삼호 59㎡ 기준

러나 예비안전진단을 재추진하는 등 재건축에 대한 열의가 뜨겁다.

게다가 재건축 외에도 입지상 호재가 많다. 우선 앞서 언급한 것처럼 동북권 최대 개발사업으로 꼽히는 광운대 역세권 개발사업의 최대 수혜 단지다. 지도를 보더라도 광운대역 철로를 끼고 동쪽으로 붙은 곳이 월계시영이다. 단지 옆에 있는 물류 시설이 랜드마크 타워와 주상복합 건물로 바뀔 경우 월계시영이 받는 수혜는 말할 것도 없다. 광운대역에 GTX-C가 지나갈 예정이라는 점도 큰 호재다. GTX-C가 개통되면 청량리역까지 한 정거장, 삼성역까지 두 정거장 거리로, 월계시영의 경쟁력은 크게 올라간다. 실거주 측면에서도 기존 단지 옆에 있던 이마트에 이어 이마트 트레이더스 개점으로 이마트 타운이 조성됐고 단지 내에도 하나로마트가 있어 편의성이 돋보인다.

이러한 호재에 더해 재건축까지 진행된다면 금상첨화다. 한강 이북에서는 성산시영과 더불어 가장 관심을 받는 재건축 추진 단지다. 세 단지를 합치면 3,930세대나 되는데 용적률이 131%에 불과하므로 재건축이 완료될 경우 5,000세대가 넘는 대규모 신축으로 거듭난다.

월계시영 재건축의 사업성을 좌우할 대지지분 조건도 괜찮다. 각각의 대지지분이 미성 21평은 14.2평, 미륭 22평은 14.6평, 삼호3차 25평은 16.7평으로 적지 않다. 재건축이 언제 될지 알 수 없다는 것은 단점이나 미래 호재(광운대 역세권 개발사업, GTX-C)가 있어 관심을 가져볼 만한 단지다.

▼

창동역에는 두 가지 호재가 있다. 첫째, GTX-C가 지나갈 예정이라는 것. 둘째, 창동·상계 신경제 중심지 조성 사업이다. GTX-C가 개통되면 서울의 북쪽 끝에 가까운 창동역에서 삼성역까지 세 정거장 만에 갈 수 있어 GBD(강

단지	세대수	입주년월	매매 시세	전세 시세	용적률
① 창동 주공19단지	1,764	1988. 11	82,500	31,000	164%

남업무지구)와의 접근성이 크게 좋아진다. GTX-C가 통과하는 역은 유독 대규모 사업이 많이 진행되는데 삼성역(영동대로 지하공간 복합개발), 청량리역(11개 고층 건물 조성), 광운대역(광운대 역세권 개발)에 이어 창동역(창동·상계 신경제 중심지 조성)이 동시다발적으로 진행 중이다.

창동·상계 신경제 중심지 조성은 창동·상계 일대를 문화, 경제 허브로 조성해 8만 개의 일자리를 창출하는 사업으로 특히 창동역 환승주차장 부지에 49층과 16층 규모 문화창업시설이 2019년 9월 착공돼 2023년 완공될 예정이다. 그리고 이는 창동역 주변 단지에 큰 호재로 작용할 것이다.

창동역 역세권 단지 중에 가장 미래 가치가 유망한 곳은 창동 주공19단지다. 우선 창동 주공19단지는 이미 재건축 연한에 도달했는데 35평 대지지분이 20평에 육박하기 때문에 사업성도 좋다. 게다가 주변 단지와 비교했을 때 10평대의 소형이 없는 유일한 곳이다. 평형이 다양하면 갈등이 발생할 수 있는데 그런 점에서 창동 주공19단지는 큰 장점을 가진 셈이다. 단지 바로 옆에 중랑천이 흐르고 있어 실거주 가치도 우수하고, 초등학교(월천초), 중학교(노곡중)를 품에 안고 있다.

▼

상계 주공5단지는 4·7호선(노원역) 역세권 단지라는 점 외에도 재건축 사업에 있어 큰 장점들이 몇 가지 있다.

첫째, 상계 주공 16개 단지 중에서 8단지(포레나 노원) 이후 5단지만 정밀안전진단을 통과했다. 안전진단 강화 방침이 적용되기 전에 정밀안전진단을 막차로 통과하면서 당분간 재건축 추진이 가능한 유일한 곳이다.

둘째, 840세대 전 평형이 모두 11평이어서 갈등 요소가 적다는 장점이 있다. 게다가 재건축 사업이 진행될 때에는 아파트와 상가 소유주들 간에 갈등이 빚어지면서 진행이 지연되는 경우가 많은데 5단지에는 상가가 없다.

셋째, 상계 주공5단지는 서울시 '도시·건축 혁신 방안' 시범사업 대상지로 선정되었다. 도시·건축 혁신 시범사업은 서울시가 정비사업을 처음부터 끝까지 지원해 도시 전반의 경관과 역사 문화적 맥락을 고려한 입체적인 건축 디자인을 유도하는 것이 핵심이다. 정비계획 결정을 위한 심의 소요 기간을 절반으로 줄이는 등 사업 속도를 올릴 수 있을 것으로 기대되며, 2종에서 3종으

단지	세대수	입주년월	매매 시세	전세 시세	용적률
① 상계 주공5단지	840	1987. 11	60,500	11,000	93%

· 32㎡ 기준

로 종 상향돼 용적률도 300%를 보장받게 됐다. 대신 공공임대 물량이 늘어나면서 일반분양 물량이 크게 줄어 추가분담금 규모는 증가가 불가피할 것으로 보인다. 금전적 부담을 지더라도 사업 속도를 택한 셈이다. 게다가 상계 주공5단지는 신탁 방식으로 재건축이 진행될 예정이라 생각보다 속도가 더 빠를 수 있다.

공공성을 강조하는 재건축 시범사업 대상지로 선정되면서 기존 11평에서 신축 25평이 되는 경우 추가분담금 규모는 2억 원을 초과할 수도 있다. 그렇다 하더라도 서울 역세권 신축 25평을 8억 내외에 얻을 수 있다면 괜찮은 선택이 아닐 수 없다.

15억 이상

▼

서울을 5대 권역으로 나눴을 때 서북권의 대장 아파트는 모두 마포구 아현동·염리동·대흥동과 서대문구 북아현동 일대에 있다. 바로 마포 래미안푸르지오, e편한세상 신촌, 신촌 푸르지오, 신촌 그랑자이, 마포 프레스티지자이다. 대부분 2호선 역세권인 데다 1,000세대 이상 대단지이고 신축이다. 도심권 접근성이 매우 뛰어나 서북권의 일자리 부족과 무관한 직주근접 단지라는 점에서도 희소성을 인정받을 만하다. 가히 서북권 최고의 입지라고 할 수 있다.

사실 마포는 서울 3대 도심 중 광화문과 여의도의 중간 위치에 있어 두 도심의 직주근접 수요를 끌어당길 만한 입지였다. 다만 마포의 기존 아파트 단지들은 입주한 지 10~15년 이상의 구축으로, 두 도심의 직주근접 수요를 흡수하는 데 아쉬움이 있었다. 그런 상황에서 더블 역세권(2호선, 5호선)의 신축 대단지 마포 래미안푸르지오가 나타났다.

광화문까지 세 정거장, 여의도까지 네 정거장이면 도착 가능한 대단지의 등장은 신축에 목마른 두 도심의 직장인들에게 훌륭한 선택지를 제공했다. 거기에 4,000세대에 육박하는 대단지답게 단지 중앙에는 대규모 상가(슬로우 스퀘어)가 있다.

마포 래미안푸르지오에 이어 그 뒤에 등장한 단지들이 e편한세상 신촌과 신촌 푸르지오다. e편한세상 신촌과 신촌 푸르지오는 도심권과의 접근성뿐만 아니라 학세권 단지라는 독특한 장점이 있다. 초중고(북성초·한성중·한성고)를 품에 안고 있고, 연세대, 이화여대와도 가깝다. 아현뉴타운이 점차 완성되

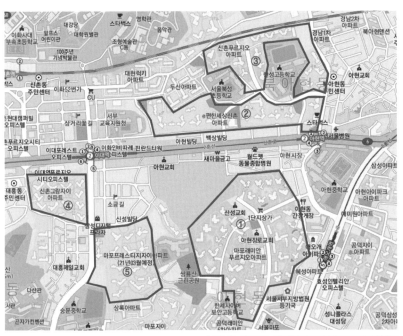

단지	세대수	입주년월	매매 시세	전세 시세	용적률
① 마포 래미안푸르지오	3,885	2014. 09	171,000	95,000	260%
② e편한세상 신촌	1,910	2017. 03	157,000	88,500	283%
③ 신촌 푸르지오	940	2015. 10	146,500	70,000	245%
④ 신촌 그랑자이	1,248	2020. 02	172,000	84,000	253%
⑤ 마포 프레스티지자이	1,694	2021. 03			250%

• 마포 래미안푸르지오는 84.89㎡, e편한세상 신촌은 84.93㎡, 신촌 그랑자이는 84.98㎡ A형 기준

면서 그 일대의 이미지가 크게 바뀌고 있다는 것도 두 단지의 장점이다. 특히 시청과 을지로로 출근하는 직장인들에게는 대단히 매력적인 선택지다. e편한세상 신촌은 2호선 초역세권이라는 점, 신촌 푸르지오는 대로변에서 떨어져

있어 조용한 환경을 자랑하는 점이 두 단지의 차이다.

신촌 그랑자이는 2020년 2월에 입주한 신축이다. 신축에 2호선(이대역) 초역세권이라는 점만으로도 단지의 가치는 엄청나다. e편한세상 신촌, 신촌 푸르지오와 마찬가지로 시청과 을지로 직장인들에게 매력적인 곳이다. 게다가 인근에 마포 프레스티지자이가 입주 예정(2021년 3월)이라 주변 환경이 더 개선된다는 장점도 무시할 수 없다. 특히 멀지 않은 곳에 중고등학교(숭문중·고)가 있는데 신촌 그랑자이와 마포 프레스티지자이 입주민의 자녀들이 대거 입학하면 학군의 약점도 상쇄될 것이다.

마포 프레스티지자이는 2021년 3월 입주해 이 일대의 가장 따끈따끈한 신축이 될 단지다. 신촌 그랑자이가 2호선 초역세권이라는 강력한 입지를 자랑한다면 마포 프레스티지자이는 2호선 역세권에 초중고(한서초·숭문중·숭문고)를 품고 있다는 장점을 갖고 있다. 특히 마포 래미안푸르지오 및 마포 자이3차와도 학군을 공유해 학령기 자녀를 키우기에 적합하다. 앞으로 마포 프레스티지자이는 신촌 그랑자이와 마포 대장 아파트의 자리를 놓고 치열한 다툼을 벌일 것이다.

10억 ~ 15억

▼

DMC센트럴자이는 증산2구역을 재개발해 2022년 입주를 앞두고 있다. 그 일대가 대규모 재개발 진행 중으로 수색증산 뉴타운이 서울 서부권 마지막 뉴타운이다. 증산2·3·4·5구역과 수색2·4·6·7·8·9·13구역이 일제히 재개발되고 있으며 입주가 완료되면 1만 세대가 넘는 신축 타운으로 거듭

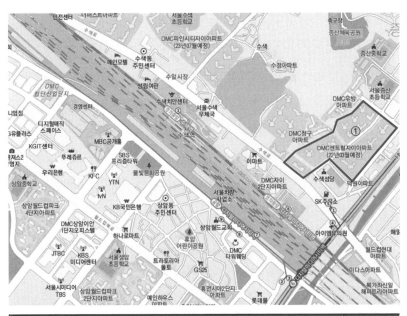

단지	세대수	입주년월	매매 시세	전세 시세	용적률
① DMC센트럴자이	1,388	2022.03			

난다.

그중에서도 DMC센트럴자이는 수색증산 뉴타운의 대장 아파트가 될 것이다. 수색증산 뉴타운의 가장 중심지이자 디지털미디어시티역(6호선, 경의중앙선, 공항철도) 트리플 초역세권, MBC·JTBC·tvN 등이 있는 국내 최대 미디어밸리인 상암DMC도 1km 정도 되는 거리에 있어 직주근접 경쟁력이 뛰어나기 때문이다. 게다가 DMC센트럴자이는 수색역(경의중앙선)과도 500m가량 떨어져 있어 또 하나의 역세권을 누릴 수 있다.

미래 호재도 있다. 바로 수색 역세권 마스터플랜 사업이다. 경의중앙선 지상철을 지하화하고 철도로 단절된 상암동과 수색동을 연결하는 사업으로 서울시와 코레일이 1조 7,000억 원을 투자해 2025년까지 수색역과 DMC역 일대 22만 m²를 개발할 예정이다. DMC 역사를 1단계로 먼저 개발하고 수색역과 철도시설 이전 용지를 2단계로 나눠 개발한다. 이러한 호재의 혜택을 가장 크게 받는 단지가 DMC센트럴자이다. 신축의 힘까지 더해져 DMC센트럴자이의 미래 가치는 더욱 높아질 것으로 전망된다.

▼

공덕역은 5호선, 6호선, 경의중앙선, 공항철도의 쿼드러플 환승역이다. 게다가 5호선을 타고 북으로 네 정거장만 가면 광화문역, 남으로 세 정거장만 가면 여의도역에 갈 수 있는 교통의 요충지다. 서울 3대 도심 중 두 개 도심의 중간에 위치해 도심권과 여의도권 직장인들의 주거 수요가 풍부할 수밖에 없다.

경의중앙, 공항철도를 타고 서너 정거장만 가면 디지털미디어시티역에 도착한다. 공덕역 초역세권의 위치에 있으면서 어느 정도 규모가 있는 대표적인 단지가 신공덕 삼성래미안1차와 공덕 삼성1차다. 이 두 단지는 주요 업무지구와의 접근성 때문에 꾸준한 관심을 받는다. 게다가 앞으로 개발될 용산 국제업무지구가 2km 이내의 가까운 거리에 있다는 것도 강점이다.

두 단지의 차이를 굳이 비교하자면 신공덕 삼성래미안1차가 경의선과 공항철도 접근성이 조금 더 우세하고 공덕 삼성1차가 5호선 접근성이 나으므로, 서울역, 상암DMC 접근성은 신공덕 삼성래미안1차, 광화문, 여의도 접근성은 공덕 삼성1차가 좋다. 또한 신공덕 삼성래미안1차의 경우, 단지 후면이 효창공원과 가깝다. 두 단지 모두 입주한 지 20년이 넘었고, 용적률을 봤을 때 재건축은 어려울 것 같다. 따라서 리모델링으로 가닥을 잡고 추진 여부를 눈

단지	세대수	입주년월	매매 시세	전세 시세	용적률
① 신공덕 삼성래미안1차	834	2000. 08	132,250	65,000	287%
② 공덕 삼성1차	651	1999. 10	131,000	65,000	267%

여겨볼 필요가 있다.

▼

킨텍스 원시티와 꿈에그린은 GTX-A(킨텍스역) 초역세권이 될 곳이다. 특히

GTX-A 초역세권 단지 중 2024년 개통 기준으로 5년 이내의 신축 단지는 동탄역 롯데캐슬 외에는 킨텍스 원시티와 꿈에그린밖에 없다. 이러한 점에서 두 단지의 희소성이 매우 돋보인다. 두 단지는 아파트를 나서면 바로 GTX-A를 이용할 수 있다는 큰 장점이 있다. 따라서 GTX-A 공사 진척 상황은 킨텍스 원시티와 꿈에그린의 가치에 지대한 영향을 미칠 것이다.

주변에 현대백화점, 이마트, 이마트 트레이더스, 원마운트 등이 있어 상권도 훌륭하고 일산호수공원과도 가깝다. 특히 경기고양 방송영상밸리 도시개

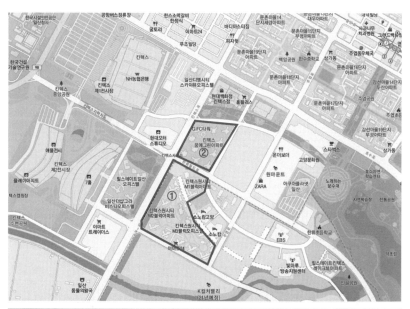

단지	세대수	입주년월	매매 시세	전세 시세	용적률
① 킨텍스 원시티	2,038	2019. 08	122,500	78,500	358%
② 킨텍스 꿈에그린	1,100	2019. 02	116,500	64,500	689%

• 킨텍스 원시티 M2블럭 84㎡, 킨텍스 꿈에그린 84㎡ B형 기준

발사업과 일산테크노밸리, 고양창릉 공공주택지구 개발에 따른 토지보상금이 2020년 말부터 2021년까지 풀릴 예정인데 토지보상업계에 따르면 토지보상 규모는 최대 7조 4,000억 원으로 추산된다고 한다. 이 중 일부라도 인접지역 부동산에 들어간다면 GTX-A 초역세권에다 신축의 희소성까지 갖추고 있는 킨텍스 원시티와 꿈에그린에 큰 호재가 될 전망이다. 킨텍스 원시티 남쪽에 조성되는 K컬처밸리 역시 호재다.

단, 고양 창릉 신도시의 존재가 일산에 부담스러운 것은 사실이다. 일산보다 서울과 더 가깝기 때문이다. 따라서 일산의 지속 가능한 성장은 조성 중인 일산테크노밸리에 기업들이 얼마나 입주하는지에 달려 있다 해도 과언이 아니다. 일산테크노밸리와 GTX-A 사업 진척에 따라 일산, 그리고 대장 아파트 킨텍스 원시티와 꿈에그린의 성패가 좌우된다.

▼

성산시영은 유원, 선경, 대우 세 개 단지로 구성된 대단지이자 6호선(월드컵경기장) 초역세권이다. 그리고 재건축을 추진하고 있는 곳이기도 하다. 성산시영의 입지를 설명하기에 앞서 알아야 할 사실이 있다. 성산시영은 2020년 5월 안전진단을 통과했다. 정비구역 지정을 위한 동의서 접수도 진행 중이라 재건축을 향한 열의도 엿보인다.

6호선 초역세권이라는 장점에 가렸지만 자차로 강변북로와 내부순환로를 빠르게 탈 수 있는 점, 평지 대단지라는 점, 월드컵공원과 하늘공원을 이용할 수 있다는 점을 고려하면 입지적으로도 매우 훌륭한 곳이다.

특히 서울월드컵경기장의 인프라를 충분히 누릴 수 있다. 단지에서 걸어서 홈플러스에서 쇼핑하고 메가박스에서 영화를 볼 수 있는 것이다. 초등학

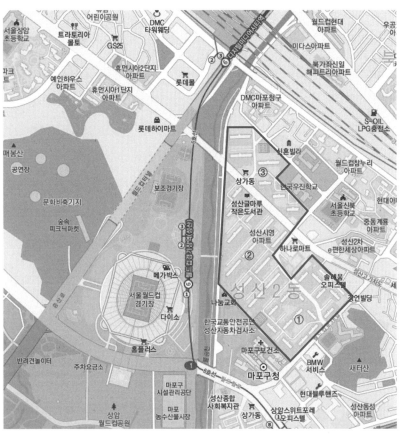

단지	세대수	입주년월	매매 시세	전세 시세	용적률
① 성산시영 유원	1,260	1986. 06	105,000	37,000	
② 성산시영 선경	1,120	1986. 06	94,500	33,500	131%
③ 성산시영 대우	1,330	1986. 06	91,500	33,500	

• 유원 59㎡, 선경 50㎡, 대우 50㎡ 기준

교(신북초)뿐 아니라 특목고 진학률이 마포구 최고 수준인 중암중을 품에 안고 있다. 게다가 재건축이 성사되면 한강과 월드컵공원이 보이는 단지라는 점에서 기대가 크다.

성산시영의 재건축 완료 시점은 수색증산 뉴타운의 대규모 재개발 이후로 예상된다. 이는 또 하나의 장점이다. 수색증산 뉴타운까지 입주가 완료되면 이 지역의 마지막 신축으로 성산시영이 자리매김하게 될 것이기 때문이다. 서북권 최대의 업무지구인 DMC미디어밸리와의 접근성이 탁월한 데다 인근에서 가장 큰 단지 규모(3,710세대), 재건축 후 지역 내 마지막 신축이라는 희소성까지 성산시영의 미래 가치는 매우 높다.

서울 권역별 직주근접 경쟁력 추이

직주근접의 입지, 역세권의 가치는 지금도 높은 평가를 받고 있다. 그러나 앞으로도 이러한 경향은 더욱 심해질 것이다. 인구가 줄어듦에 따라 노동력 역시 감소하기 때문에 여성의 사회 진출은 앞으로도 더욱 활발해질 것이다. 참고로 이미 20대 여성의 고용률은 20대 남성을 추월했다. 따라서 육아 때문이라도 직장과 가까운 주거지가 더욱 인기를 끌 수밖에 없다.

또한 우리보다 고령화가 빠른 일본의 부동산 책을 참고해보면 고령층이 도보로 다닐 수 있는 범위가 한정적이기 때문에 역세권의 범위는 더욱 줄어들며 역세권의 가치는 비역세권과 더욱 벌어질 것으로 전망된다.

시간이 지날수록 직주근접 역세권 아파트의 가치는 그렇지 않은 아파트와 비교했을 때 더욱 올라갈 것이다. 그러한 관점에서 출근시간대 하차인원이 많은 역을 찾는 작업은 의미가 있다. 출근시간대 하차인원이 많은 역이라는 것은 직장이 많다는 뜻이고 따라서 해당 역과의 접근성이 뛰어난 역세권 단지는, 앞으로도 그 가치가 더욱 올라갈 것으로 보인다.

출근시간대 하차인원 상위 20개 역

	'15.3월	'16.3월	'17.3월	'18.3월	'19.3월	'20.3월	'20.8월
1위	가산디지털단지	가산디지털단지	가산디지털단지	가산디지털단지	가산디지털단지	가산디지털단지	가산디지털단지
2위	강남	선릉	강남	강남	강남	선릉	선릉
3위	선릉	강남	선릉	선릉	서울역	강남	강남
4위	서울역	서울역	서울역	서울역	선릉	여의도	여의도

5위	삼성	시청	역삼	역삼	역삼	역삼	역삼
6위	역삼	역삼	삼성	삼성	삼성	시청	서울역
7위	시청	삼성	시청	시청	여의도	서울역	삼성
8위	여의도	여의도	여의도	여의도	시청	삼성	시청
9위	을지로입구	을지로입구	을지로입구	을지로입구	을지로입구	을지로입구	을지로입구
10위	양재	잠실	잠실	잠실	잠실	잠실	잠실
11위	교대	교대	교대	고속터미널	고속터미널	성수	구로디지털단지
12위	잠실	양재	광화문	광화문	종각	양재	양재
13위	구로디지털단지	종각	양재	교대	광화문	구로디지털단지	고속터미널
14위	종각	구로디지털단지	종각	종각	양재	교대	교대
15위	노량진	고속터미널	구로디지털단지	양재	교대	종각	종각
16위	고속터미널	광화문	고속터미널	구로디지털단지	구로디지털단지	광화문	광화문
17위	광화문	을지로3가	을지로3가	을지로3가	을지로3가	을지로3가	성수
18위	충무로	충무로	종로3가	종로3가	성수	학동	을지로3가
19위	을지로3가	종로3가	충무로	성수	종로3가	고속터미널	학동
20위	종로3가	성수	성수	충무로	공덕	종로3가	공덕

서울의 출근시간대 하차인원 상위 20개역을 매년 3월과 2020년 8월로 뽑아보았다. 참고로 출근시간대는 오전 06~10시로 잡았다. 보다 쉽게 구분하기 위해 이번에는 각 역의 연도별 순위 추이를 표로 구성해봤다.

각 지하철역의 연도별 순위

	'15.3월	'16.3월	'17.3월	'18.3월	'19.3월	'20.3월	'20.8월
가산디지털단지	1	1	1	1	1	1	1
강남	2	3	2	2	2	3	3

선릉	3	2	3	3	4	2	2
서울역	4	4	4	4	3	7	6
삼성	5	7	6	6	6	8	7
역삼	6	6	5	5	5	5	5
시청	7	5	7	7	8	6	8
여의도	8	8	8	8	7	4	4
을지로입구	9	9	9	9	9	9	9
양재	10	12	13	15	14	12	12
교대	11	11	11	13	15	14	14
잠실	12	10	10	10	10	10	10
구로디지털단지	13	14	15	16	16	13	11
종각	14	13	14	14	12	15	15
노량진	15						
고속터미널	16	15	16	11	11	19	13
광화문	17	16	12	12	13	16	16
충무로	18	18	19	20			
을지로3가	19	17	17	17	17	17	18
종로3가	20	19	18	18	19	20	
성수		20	20	19	18	11	17
공덕					20		20
학동						18	19

표를 보면 여러 사항이 눈에 띈다.

첫째, 가산디지털단지역은 출근시간대 하차인원 부동의 1위를 수년째 유지하고 있다. G밸리로 불리우는 서울 디지털산업단지의 규모를 엿보게 하는 대목이다. 단일 역으로는 최대의 하차 인원을 유지하는 만큼 일자리 규모도 매우 크다고 할 수 있다.

둘째, 강남~역삼~선릉~삼성역 라인은 역시 서울 최대의 업무 지구다. 위 네 개역이 출근시간대 하차인원 상위 7위 안에 꾸준히 자리하는 만큼 강남~삼성 라인이 서울 최대의 업무 지구인 점에는 이견이 없을 것이다. 게다가 표에 사용한 데이터에는 신분당선 하차인원이 빠져 있다. 신분당선을 운영하는 네오트랜스에서 승·하차인원을 공개하지 않기 때문이다. 신분당선을 이용해 출퇴근하는 인원도 상당한 만큼 출근시간대 하차인원에서 꾸준히 2~3위를 하는 강남역은 신분당선 하차인원까지 포함할 경우 1위를 능가할 수도 있다.

셋째, 서남권의 선전이 눈에 띈다. 출근시간대 하차인원 부동의 1위를 유지하고 있는 가산디지털단지역 외에도 2015년부터 2018년까지 8위에 머물렀던 여의도역이 2019년 7위, 2020년 4위로 가장 돋보이는 상승을 보였다. 구로디지털단지역도 2020년 들어 부쩍 순위가 올라가고 있다.

넷째, 반대로 도심권의 순위 하락도 눈에 띈다. 표에서 붉은색으로 표시한 도심권 역들 중에 최근 1~2년간 순위를 유지하고 있는 역은 을지로입구뿐이다. 그 외 대부분 도심권 역들의 출근시간대 하차인원 순위가 조금씩 떨어지고 있다. 특히 서울역과 광화문역의 순위 하락폭이 상대적으로 크고 충무로역과 종로3가역은 20위권 밖으로 밀려나기도 했다.

다섯째, 동북권과 서북권에서 출근시간대 하차인원 상위 20개역은 없었다. 자체적인 직주근접 경쟁력이 다른 권역에 비해 열세인 점이 드러난 것이다. 따라서 동북권, 서북권 아파트에 관심이 많은 사람은 앞서 상위 20개역과의 접근성이 뛰어난 역세권 단지에 초점을 맞추는 것이 좋겠다. 마포, 아현에 위치한 단지들이 대표적이다.

8장

앞으로 이곳이
포스트 서울이 된다

6대 광역시 중 부산이 가장 저평가돼 있으며 전망이 좋아 포스트 서울로 손색이 없다고 앞서 설명한 바 있다. 이제부터 부산의 아파트 단지들을 소개하고자 한다. 물론 지면상의 관계로 부산의 모든 아파트를 소개할 수는 없기에 대표적인 단지를 중심으로 이야기하겠다.

수축의 시대에는 핵심지일수록 그 가치가 돋보이기 때문에 부산의 대표 단지들 역시 다른 단지와의 격차를 더욱 벌릴 것이다. 부산에서 실거주하기 좋고 학군, 교통 및 상권을 갖춘 곳은 동래구, 연제구, 수영구, 남구, 금정구, 해운대구다. 앞의 순서대로 추천 단지들을 소개해보겠다.

▼

　동래구 명륜동에는 명륜 아이파크1단지와 명륜 자이가 있다. 명륜 자이가 명륜 아이파크1단지보다 5년 이상 신축이고, 조금 더 역세권이라는 장점 때문에 매매·전세 시세 모두 우위를 자랑하고 있다. 그러나 그 차이가 크지 않다.

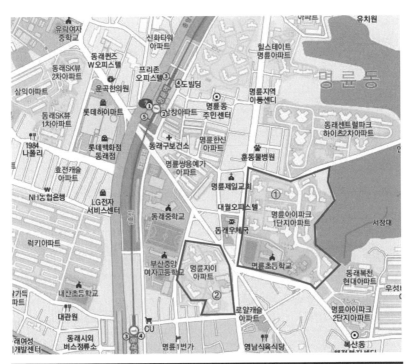

단지	세대수	입주년월	매매 시세	전세 시세	용적률
① 명륜 아이파크1단지	1,139	2013. 12	83,000	41,500	261%
② 명륜 자이	671	2019. 02	90,000	58,000	268%

명륜 아이파크1단지가 연식과 역까지의 거리에서 모두 열세지만 명륜 자이와의 격차가 그리 크지 않은 이유는 따로 있다. 아직 입주 7년 차로 비교적 신축이라는 사실 외에도 1,139세대라는 대단지, 초등학교를 품에 안고 있는 단지라는 장점 때문이다. 게다가 명륜 아이파크1단지는 동래사적공원과 금정산성이라는 큰 규모의 녹지를 끼고 있다.

명륜 자이 역시 세대수는 다소 아쉬우나 신축의 힘을 앞세워 명륜동의 시세를 이끌고 있다. 1호선 역세권 외에도 명륜 자이의 매력은 바로 학교들로 단지가 둘러싸여 있다는 점이다. 초등학교(명륜초)뿐 아니라 중고등학교(동래중, 부산중앙여고)가 단지 주변에 있다. 인근에 대형마트, 롯데백화점, 롯데마트가 있어 생활 편의성까지 뛰어나다.

▼

온천동에는 럭키와 동래 래미안아이파크가 있다. 럭키는 입주한 지 37년 차 아파트로 부산 내륙에서 가장 입지가 좋다는 평을 받는 곳이다. 우선 부산에서 드문 평지 대단지이고, 인근에 롯데백화점과 롯데마트가 있다. 무엇보다 1호선과 4호선 더블 역세권이라는 점이 매력적이다.

재건축 연한을 진즉에 넘겨 재건축 사업이 진행되고 있는데 신축으로 거듭날 경우, 부산 유수의 고가 아파트 단지가 될 것이다. 부산에서 재건축하면 거론되는 대표적인 단지가 있다. 바로 삼익비치와 럭키다. 특히 대부분 평형이 중대형으로 구성돼 있어 비교적 높은 용적률(201%)에도 불구하고 잡음을 줄이면서 재건축을 진행할 수 있는 곳이다. 다만 최근 예비안전진단에서 탈락했기 때문에 정비사업이 언제 진행될지 예측하기 어려워졌다. 장기적인 관점에서 접근이 필요한 단지다.

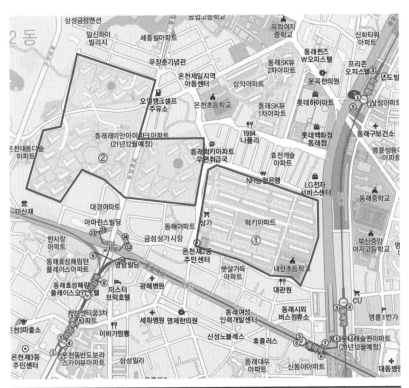

단지	세대수	입주년월	매매 시세	전세 시세	용적률
① 럭키	1,536	1983. 11	112,500	25,000	201%
② 동래 래미안아이파크	3,853	2021. 12			

동래 래미안아이파크는 온천2구역 재개발 사업이 열매를 맺어 2021년 12월 입주를 앞둔 대단지다. 완공되면 무려 3,853세대라는 대단지로 거듭나게 되는 셈인데 입지 좋기로 유명한 럭키 옆 신축 대단지이므로 동래 래미안아이파크의 입지 역시 훌륭하다. 4호선 역세권이고 신축 초등학교가 들어선다는 것도 동래 래미안아이파크의 가치 상승에 한몫한다. 부산 유수의 대단지로 거

듭나는 곳인 만큼 커뮤니티 역시 좋을 것이다.

▼

사직동에서 사직1차쌍용예가는 가장 유명한 단지다. 실거주하기 좋은 곳으로 알려져 있는데 우선 2,947세대의 대단지에 초등학교를 품에 안고 있는 이점이 돋보인다. 인근에 중고등학교가 있어 학원가 및 상권 역시 발달

단지	세대수	입주년월	매매 시세	전세 시세	용적률
① 사직1차쌍용예가	2,947	2006. 12	50,000	36,500	306%
② 사직 롯데캐슬더클래식	1,064	2017. 01	103,000	46,000	265%
③ 쌍용 더플래티넘사직아시아드	914	2020. 02			402%
④ 아시아드코오롱하늘채	660	2019. 09	90,000	52,000	633%

• 사직 롯데캐슬더클래식, 아시아드코오롱하늘채 84㎡ A형 기준

했다. 다만 입주한 지 14년 차로 구축에 접어든 연식과 언덕에 있는 점이 아쉽다. 독특하게도 야구장 뷰를 자랑하는 단지인데 이 부분은 호불호가 갈릴 수 있다.

사직역 역세권 단지 중에 대단지로서의 이점을 갖추고 있는 곳은 사직 롯데캐슬더클래식이다. 3호선 초역세권으로 평지에 있을 뿐만 아니라 어느 정도 규모가 있어 동래 럭키만큼이나 부산 내륙 대장 아파트로서 자주 거론되는 곳이다. 단지 바로 앞에 초등학교(여고초)가 있으며 인근의 여명중은 부산에서 특목고 진학률이 높은 중학교 중 하나로 꼽힌다. 게다가 대로에서 약간 안쪽으로 들어가 있어서 단지 내부가 조용한 편이며, 사직종합운동장 상권도 이용할 수 있다. 바로 인접한 쌍용 더플래티넘사직아시아드도 같은 입지적 장점을 공유한다.

아시아드코오롱하늘채는 단지 규모가 작아서 조경 등에서 취약한 부분이 있으나 이를 상쇄할 만한 큰 장점이 있다. 사직종합운동장 바로 옆에 있다는 점이다. 즉 사직종합운동장을 앞마당처럼 사용할 수 있으며 그 상권도 온전히 이용할 수 있고 홈플러스가 옆에 있어 실거주 편의성이 매우 우수하다. 3호선 역세권, 신축, 아름다운 야간 조명 등이 장점으로 돋보이는 곳이다.

▪ 연제구 ▪

▼

연제구는 부산광역시청 등 공공 기관이 밀집해 있어 자연스레 교통과 상권이 발달한 곳이다. 이러한 연제구에 눈여겨볼 만한 신축 단지들이 몇몇 있다.

그중 가장 따끈따끈한 신축은 연산 롯데캐슬골드포레다. 3호선 역세권으로
평지에 있는 신축 대단지다. 단지 뒤에 초중고(양동초·양동여중·세정고)가 모두
있고 맞은편에는 이마트가 있어 실거주 가치가 뛰어난 연산 롯데캐슬골드포

단지	세대수	입주년월	매매 시세	전세 시세	용적률
① 연산 롯데캐슬골드포레	1,230	2020. 07	80,000		274%
② 연산 더샵	1,071	2019. 03	75,000	46,000	289%
③ 연제 롯데캐슬데시앙	1,168	2018. 10	86,000	44,000	308%

• 연산 더샵 84㎡ A형, 연산 롯데캐슬골드포레 최신 실거래가 기준

레는 인근에 부산지방국세청과 연제구청 등 관공서도 밀집해 있어 풍부한 수요를 기대할 수 있는 곳이다. 게다가 단지 내 조경은 입주민의 힐링을 돕는다.

연산 더샵은 실거주자들의 구미를 당길 만한 시설을 많이 갖추고 있는 단지다. 단지 내부에 수영장과 키즈 카페가 있고 단지 뒤에 황령산이 있어 우수한 환경을 자랑한다. 단지 바로 앞에도 연제도서관과 자그마한 공원이 있다. 무엇보다 3호선 역세권 신축 단지라는 뚜렷한 장점이 있다.

연제 롯데캐슬데시앙도 앞서 말한 두 단지와 비슷한 장점이 있다. 단지 안에 초등학교(연산초)와 공립유치원, 국립어린이집이 있으며 1·3호선 더블 역세권이다. 이마트까지도 가깝고 조경도 뛰어난 수준이라(2018년 부산광역시 아름다운 조경상 대상 수상) 실거주 만족도가 높은 곳으로 꼽힌다.

▼

거제동의 대표적인 아파트는 거제 센트럴자이다. 거제 센트럴자이는 많은 장점이 있는 단지다.

첫째, 부산지방법원, 부산고등법원, 부산지방검찰청 등 부산의 법조타운 바로 옆에 있는 신축 단지라는 점에서 거제 센트럴자이는 최고의 입지다. 고급 인력으로 구성된 신축 수요가 풍부하다는 뜻이기 때문이다. 둘째, 학군이 우수하다. 특히 부산교대부설초 진학 수요가 꾸준하다. 셋째, 1호선, 3호선, 동해선 트리플 역세권이라 전반적으로 주거 수요가 풍부할 수밖에 없다. 다만 주차 공간이 부족하다는 점은 아쉽다.

단지	세대수	입주년월	매매 시세	전세 시세	용적률
① 거제 센트럴자이	878	2018. 10	87,000	52,000	267%

▪ 수영구 ▪

▼

수영구에서는 남천동이 가장 중심 지역이다. 바로 옆에 광안리 해변을 끼고 있는 남천동은 부산의 전통적인 부촌 중 하나다. 그리고 남천동에서 가장 대표적인 아파트 단지가 바로 삼익비치타운이다. 물론 단점이 없는 건 아니다. 엄밀히 말해 역세권이라고 할 수 없으며 인근에 중고등학교도 없다. 그러나 차를 타고 광안대교를 건너면 해운대에 갈 수 있어 역세권이 아니라는 단점을 보완할 수 있다.

부산뿐만 아니라 전국적으로 유명한 삼익비치타운은 입주한 지 41년 된 구축으로 현재 재건축을 추진하고 있다. 삼익비치타운 재건축은 현재 33개 동 12층 3,060세대 단지를 12개 동 35~61층 3,350여 규모로 탈바꿈하는 사업이다. 공사 비용만 1조 원이 넘을 것으로 추정된다. 광안대교를 바로 앞에서 볼 수 있다는 사실만으로도 부산의 새로운 랜드마크 탄생이라는 사실에는 의심의 여지가 없다. 시공사는 GS건설로, 정비사업이 순조롭게 진행된다면 부산 바닷가에 신축 대단지(그랑자이 더 비치)가 탄생하는 셈이다. 참고로 조합의 목표는 2021년 7월 사업시행 인가, 2023년 6월 착공, 2027년 준공이다. 물론 온갖 다양한 문제가 산적한 재건축 사업의 특성상 언제 삼익비치타운이 그

단지	세대수	입주년월	매매 시세	전세 시세	용적률
① 삼익비치타운	3,060	1979. 10	102,500	29,000	170%

• 출처: 나무위키

랑자이 더 비치로 탄생할지는 아무도 모르는 일이다.

▼

　광안동의 대표적인 아파트 단지는 쌍용예가디오션이다. 광안리 해수욕장 근처에 처음 들어선 신축 대단지로 그 입지가 아주 매력적인 곳이다. 바다를 바라보며 정취를 누리고 싶다면 쌍용예가디오션이 딱 맞다.

　단지에서 조금만 걸어서 나오면 광안리 해수욕장과 먹거리 천국이 있다. 한 블록만 더 가면 초등학교(광안초)와 중학교(한바다중)가 있다는 것도 큰 장점이다. 그러나 광안동 대장 아파트 자리를 놓고 새로운 경쟁자가 생겼다. 바로 광안 자이이다.

　광안 자이는 신축에다 1군 브랜드 GS자이가 시공한 단지다. 광안대교를

단지	세대수	입주년월	매매 시세	전세 시세	용적률
① 쌍용예가디오션	928	2014.11	107,750	52,750	288%
② 광안 자이	971	2020.08			240%

• 쌍용예가디오션 84㎡ E형

조망할 수 있음은 물론, 2호선 역세권, 숲세권 단지다. 광안동의 대장 아파트 자리를 놓고 벌이는 쌍용예가디오션과 광안 자이의 경쟁 결과는 쉽사리 점치기 힘든데 그 이유는 두 단지의 장점에 있다. 취향에 따라 수요층이 다른 선택을 할 수 있기 때문이다. 바다를 바라보면서 근처 상권을 이용하고 싶은 사람이라면 쌍용예가디오션, 조용한 환경에서 신축의 편리함을 누리고 싶은 사람은 광안 자이를 선택할 것이다. 결과적으로 두 단지는 엎치락뒤치락하며 동반 상승할 가능성이 크다.

▼

　바다와 수영강을 끼고 있는 민락동의 대표적인 아파트 단지는 신세계백화점 건너편에 있는 더샵 센텀포레와 센텀 비스타동원1차다. 두 단지는 표에서도 볼 수 있듯이 매매 시세와 전세 시세의 차이가 크지 않다. 같은 호재를 누리는 비슷한 위치의 단지이기 때문이다.

　더샵 센텀포레는 초등학교가 멀다는 점(셔틀 운행)이 아쉬우나, 2호선 초역세권, 신세계·롯데백화점 등 센텀시티의 모든 인프라 및 수영강변공원을 도

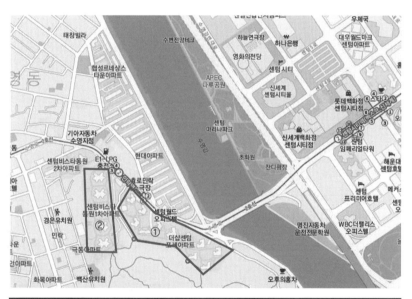

단지	세대수	입주년월	매매 시세	전세 시세	용적률
① 더샵 센텀포레	1,006	2014. 07	95,000	37,000	255%
② 센텀 비스타동원1차	840	2017. 07	91,500	42,500	255%

• 센텀 비스타동원1차 84㎡ A형 기준

보로 이용할 수 있다는 점이 돋보이는 곳이다. 번잡함을 싫어하면서도 인프라를 누리고 싶은 사람들이 충분히 좋아할 만하다. 신축이란 점(입주 6~7년 차)도 매력적이다.

센텀 비스타동원1차는 더샵 센텀포레에 비해 초등학교 통학이 훨씬 편하다는 장점이 있다. 이러한 이유로 더샵 센텀포레보다 전세 시세가 조금 더 높다. 그 외에 2호선 초역세권, 고급 자재와 잘 빠진 집 구조, 평지에 있다는 것도 장점이다. 다만 센텀시티 및 수영강변공원까지의 거리는 더샵 센텀포레보다 조금 더 멀기 때문에 그 부분이 매매 시세에 반영된 것으로 보인다.

▪ 남구 ▪

▼

남구에서는 대연동과 용호동이 핵심인데 우선 용호동을 살펴보자. 용호동에는 LG메트로시티라는 대단지가 있다. 그 규모가 7,374세대에 이르러 단지 안에 초등학교, 중학교, 고등학교가 있다. 그 외에도 실거주하기 좋은 점이 여럿 있다. 우선 중대형 위주의 구성에 드넓은 평지의 대단지인 만큼 마트와 시장 등 상권을 이용하기 매우 편리하며 분포초 건너편의 남부하수처리장공원에서 축구, 농구, 풋살, 테니스 및 산책을 즐길 수 있다. 다만 입주 16~19년 차의 연식에 용적률도 300%로 정비사업이 어렵고 역세권이 아니라는 이유로 매매 시세가 낮다. 그러나 실거주하기 좋은 만큼 해당 아파트에 살면서 투자 가치가 뛰어난 곳을 찾아보는 것도 좋겠다.

광안대교의 초입에는 GS하이츠자이가 있다. 편의상 모든 단지의 가격대를

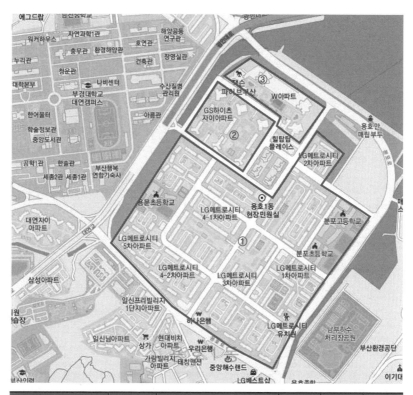

단지	세대수	입주년월	매매 시세	전세 시세	용적률
① LG메트로시티	7,374	2001. 06~2004. 10	52,000	31,500	300%
② GS하이츠자이	1,149	2008. 04	80,000	47,750	417%
③ W	1,488	2018. 03	130,500	64,000	684%

• LG메트로시티 1차 84㎡ B형, GS하이츠자이 84㎡ B형, W 99㎡ 기준

전용면적 84m² 기준으로 표시했으나 GS하이츠자이 1,149세대 중 84m²는 290세대에 불과하다. 나머지 859세대가 130m², 151m², 172m²로 대형 평형 위주의 단지다. 즉, 소위 말하는 부촌이라 할 수 있다.

신축 W 아파트로 인해 바다와 광안대교 전망이 상당 부분 막힌 것은 아쉬우나 일부 동에서는 여전히 좋은 전망을 누릴 수가 있고 반대 방향의 대학교(부경대) 뷰도 괜찮다. 아파트에서 연결되는 지하, 지상 1층 상가뿐 아니라 W 상가도 도보로 이용할 수 있어 생활 편의성이 매우 뛰어나다. 게다가 고급 내장재를 사용한 것으로도 유명하다. 차를 이용하면 광안대교를 곧바로 탈 수 있어서 비역세권의 단점을 일부 보완한다.

그리고 온전히 바닷가를 조망하는 아이에스동서의 초고층 아파트인 W가 있다. 부산의 유명한 사진 중에 W에서 찍은 광안대교 뷰가 자주 나올 정도로 그 전망이 화려하다. 동간 간섭을 최소화해 조망권을 확보한 동 배치가 돋보인다. 단점은 앞서 소개한 단지들과 마찬가지로 지하철역이 멀고 광안대교 초입이라 교통이 혼잡하다는 데 있다. 그러나 대규모 주거타운이 주는 이점이 분명 있다. 분포초중고는 LG메트로시티, GS하이츠자이, W 등 중대형 평형 위주의 세 아파트에서만 오기 때문에 학군에서 균질성이 있으며 주변에 유흥, 유해시설이 없다. 게다가 W스퀘어로 대표되는 상가를 쉽게 이용할 수 있으며 서면, 해운대와의 접근성이 훌륭하다.

▼

용호동과 더불어 대연동도 남구의 대표적인 지역이다. 부경대, 경성대, 부산예술대 등 여러 대학뿐 아니라 부산의 대표적 고등학교 중 하나인 대연고도 소재한 곳이다.

이런 대연동에서 가장 대표적인 아파트는 대연 힐스테이트푸르지오다. 입주 7년 차로 비교적 신축인 대연 힐스테이트푸르지오는 그 규모(2,100세대)만으로도 대연동의 랜드마크라고 할 만하다. 2호선 역세권이며 단지 끝이 아닌 중간 위치에 초등학교가 있어 초품아(초등학교를 품은 아파트) 그 이상의 단지다. 해운대 및 구도심으로 쉽게 갈 수 있으며 경성대 상권도 편리하게 이용할 수 있다.

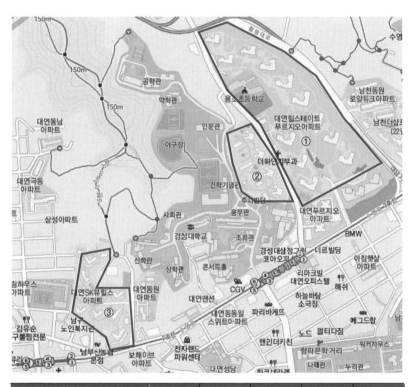

단지	세대수	입주년월	매매 시세	전세 시세	용적률
① 대연 힐스테이트푸르지오	2,100	2013. 05	89,000	48,000	260%
② 대연 롯데캐슬	564	2015. 01	80,000	47,500	220%
③ 대연 SK뷰힐스	994	2018. 07	88,000	45,500	265%

• 대연 힐스테이트푸르지오 84㎡ D형, 대연롯데캐슬 84.48㎡ 기준

대연 롯데캐슬은 대연 힐스테이트푸르지오와 경성대 사이에 있는 단지다. 같은 2호선 역세권에 있는 대연 힐스테이트푸르지오와 비교했을 때 9,000만 원 가량 매매가가 낮다. 눈여겨봐야 할 점은 따로 있다. 전세 시세는 별 차이가 없다. 두 단지의 가장 큰 차이점은 단지 규모다. 입지와 전세 시세가 비슷한데 매매 시세가 이렇게 차이가 난다면 당연히 저평가된 아파트라고 볼 수 있겠다. 이 정도의 갭이 유지된다면 대연 롯데캐슬은 상당히 매력적인 투자처다.

대연 SK뷰힐스는 신축의 힘을 앞세워 대연동의 대장 아파트였던 대연 힐스테이트푸르지오의 아성에 강력히 도전하는 단지다. 같은 2호선 역세권으로 단지 규모는 열세이나 연식이 5년 더 젊다. 평지 단지, 숲세권(황령산)인 데다 도서관과 초등학교를 품고 있다. 특히 25평형이 구조가 잘 빠져서 유독 인기가 많다.

▼

같은 대연동에 있지만, 지도에 모두 담을 수 없어 대연 롯데캐슬레전드를 위해 별도의 페이지를 할애했다. 2018년 입주한 대연 롯데캐슬레전드는 3,000세대가 넘는 대단지다. 바로 옆에 남구청이 있어 입지도 좋다. 학군이나 상권 측면에서는 대연 힐스테이트푸르지오와 대연 롯데캐슬에 비해 아쉬운 부분이 있으나 대연 롯데캐슬레전드 역시 대로변 맞은편의 대연3구역 재개발이 완료되면 신축 대단지 입주로 주변 환경이 개선될 예정이다. 아직은 이르지만, 대연동의 무게중심이 경성대, 부경대역에서 못골역으로 서진할 가능성이 있다. 신축 초등학교(연포초)와 훌륭한 조경은 대연 롯데캐슬레전드의 또 다른 장점이다.

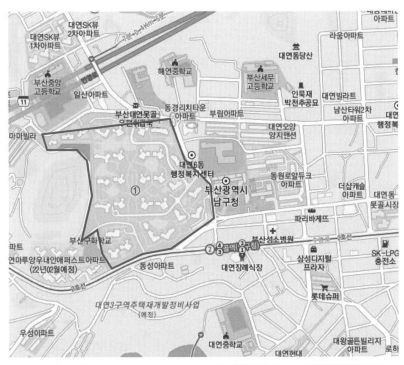

단지	세대수	입주년월	매매 시세	전세 시세	용적률
① 대연 롯데캐슬레전드	3,149	2018. 02	90,000	47,000	272%

• 84㎡ A · B · C · D형 기준

■ 금정구 ■

▼

금정구의 대표적인 지역인 장전동은 부산 최고의 대학교인 부산대가 있는 곳으로도 유명하다. 특히 래미안 장전은 부산대역 역세권이며 부산대 상권을

단지	세대수	입주년월	매매 시세	전세 시세	용적률
① 래미안 장전	1,938	2017.09	110,000	60,000	289%

• 84㎡ A형 기준

단지 바로 앞에서 누릴 수 있는 평지 신축 대단지다. 소위 말하는 슬세권이다. 게다가 내 집 앞마당처럼 온천천을 산책할 수 있는 것도 매력적이다. 그 입지가 가히 부산 내륙지역 최고의 아파트 중 하나로 꼽힐 만하다. 이곳 역시 조경이 뛰어난데 특히 수령(樹齡)이 300년이나 된 느티나무가 있는 것으로도 유명하다.

▼

해운대구는 부산의 가장 대표적인 지역으로 전국적인 지명도를 자랑한다. 무엇보다 해운대 해수욕장이라는 천혜의 자연을 보유한 곳으로 관광, 상권, 학군, 교통, 평지 등 부산에서 입지적 장점이 가장 뛰어난 곳이라고 해도 과언이 아니다. 이러한 해운대구에서 가장 대표적인 지역은 우동, 중동이다.

우선 우동에는 그 유명한 센텀시티가 있다. 더샵 센텀파크와 더샵 센텀시티가 위치한 재송1동부터 롯데백화점 건너편인 벡스코 일대까지를 센텀시티라고 볼 때, 센텀시티 내에 소재한 아파트 대표 단지는 트럼프월드 센텀, 더샵 센텀파크, 더샵 센텀스타다.

트럼프월드 센텀은 신세계·롯데백화점과 벡스코 사이에 있어 그 입지가 돋보이는 주상복합 아파트다. 입주한 지 14년이 된 주상복합은 추천하지 않는 편이나 그렇다고 하기엔 트럼프월드 센텀의 입지가 너무 뛰어나다. 특히 아파트에서 비 한 방울 맞지 않고 지하철, 백화점, 마트, 벡스코 등을 이용할 수 있다. 초등학교까지의 거리가 멀긴 하지만 좋은 학원이 주변에 있어 중고등학생 자녀들을 키우기에 좋다. 도심 속에서 누릴 수 있는 장점 외에도 색다른 장점이 하나 더 있다. 바로 한 블록만 더 가면 APEC 나루공원이 나온다. 도심에서 걸어서 누릴 수 있는 녹지가 있다는 것은 트럼프월드 센텀의 큰 장점이다.

더샵 센텀파크1차와 2차도 트럼프월드 센텀과 마찬가지로 입주한 지 15년을 넘어가고 있는 구축 아파트다. 더샵 센텀스타와 함께 4,000세대가 넘는 주상복합 아파트 단지들이 몰려 있다. 따라서 세 단지가 함께 초중고(센텀초·센텀중·센텀고)를 다니기 때문에 학군의 균질성 측면에서 높은 점수를 받는 곳이다.

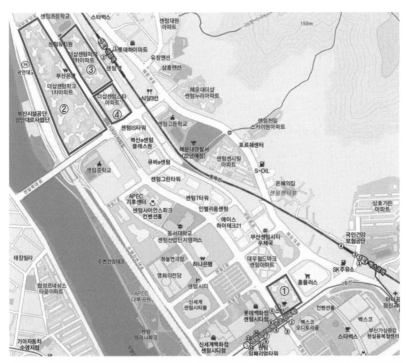

단지	세대수	입주년월	매매 시세	전세 시세	용적률
① 트럼프월드 센텀	564	2006. 07	120,000	49,500	674%
② 더샵 센텀파크1차	2,752	2005. 10	105,000	54,000	556%
③ 더샵 센텀파크2차	998	2005. 12	95,000	51,500	598%
④ 더샵 센텀스타	629	2008. 11	65,000	40,000	936%

• 트럼프월드 센텀 84㎡ A형, 더샵 센텀파크1차 84㎡ B형, 더샵 센텀파크2차 84㎡ B형, 더샵 센텀스타 98㎡ 기준

동해선 역세권이며 차로 5분이면 신세계·롯데백화점 및 코스트코, 이마트, 홈플러스에 갈 수 있다. 참고로 센텀파크1차는 수영강 뷰가 돋보이고, 센텀파크2차는 대중교통 이용이 조금 더 편리하다.

더샵 센텀스타는 더샵 센텀파크와 같은 장점을 공유하는 단지이나 매매 시세가 더 낮다. 용적률에서 보듯 주상복합이라는 이유다.

물론 주상복합이기 때문에 편리한 인프라를 갖추고 있다는 것은 분명한 장점이다. 쓰레기 분리수거 장소가 층마다 있고 커뮤니티에는 헬스장, 수영장, 목욕탕, 골프 연습장 등 없는 게 없다. 그래서 전세 시세는 더샵 센텀파크와 별 차이가 없다.

▼

해운대 자이는 일부 동이 다소 높은 언덕에 있는 것이 단점이다. 그러나 다른 장점들이 단점을 메우고도 남는다. 부산의 대표적인 지역인 해운대구에서 주상복합이 아닌 아파트 단지로 용적률이 300% 미만이라는 것, 특히 1군 자이 브랜드 신축이라는 것이 해운대 자이의 강력한 장점이다. 초등학교(해림초), 고등학교(국제외고, 부산문화여고, 해운대공고)와 붙어 있는 학세권 단지라는 점도 돋보인다. 센텀시티, 벡스코, 해운대의 화려한 인프라를 즐길 수 있는 거리에 있으면서도 조금 안쪽에 위치해 조용하다.

그 안에서 해운대 자이1 단지와 자이2차를 비교해보면, 자이1 단지는 초등학교와 가깝고 단지가 평지에 있다는 것이 장점이다. 자이2차는 입주한 지 3년에 불과한 신축이고 단지 뒤에 장산숲을 끼고 있다는 것이 장점이다. 물론 주차대수가 적은 것은 아쉽다.

우동에는 고급, 고층, 대형 주상복합이 즐비한 마린시티가 있다. 전국 최고의 뷰, 전국에서 가장 유명한 야경을 자랑하는 그곳이다. 다만 마린시티는 이미 널리 알려진 곳으로 굳이 별도로 소개하지 않았다. 참고로 근방의 대단지 아파트인 대우마리나와 동부올림픽타운은 센텀과 마린시티 사이에 있는 입

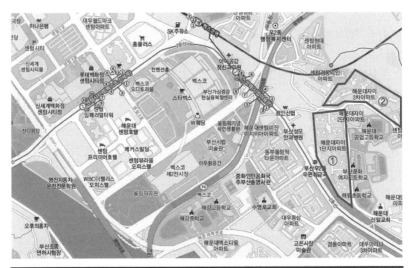

단지	세대수	입주년월	매매 시세	전세 시세	용적률
① 해운대 자이1단지	935	2013. 02	102,500	40,000	265%
② 해운대 자이2차	813	2018. 01	114,000	38,000	254%

• 해운대 자이1단지 84㎡ C형, 해운대 자이2차 84㎡ B형 기준

지적 이점을 바탕으로 향후 재건축 및 리모델링을 통한 미래 가치 개선이 기
대되는 곳이다.

중동은 해운대역, 고급 주상복합촌과 달맞이고개, 해운대 해수욕장을 지닌
해운대 대표 지역이다. 게다가 대부분 지역이 평지로 향후 개발 계획도 탄탄
해 미래 가치 또한 기대된다. 센텀과 마린시티가 조성되기 전부터 주목받았던
곳이기도 하다. 언론에 자주 나오는 엘시티도 중동에 있다.

중동에는 해운대 롯데캐슬스타, 해운대 비스타동원, 해운대 센트럴푸르지오라는 고급 주상복합이 막 세워졌거나 건축되고 있다. 참고로 해운대 비스타동원과 센트럴푸르지오의 행정동은 우동이나, 사실상 중동에 붙어 있다. 주상

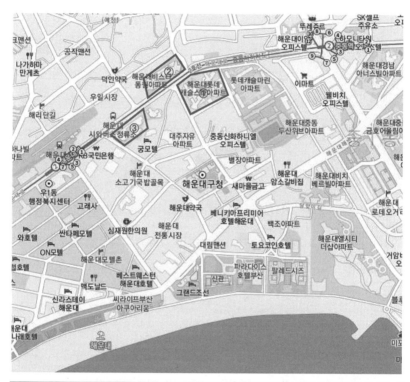

단지	세대수	입주년월	매매 시세	전세 시세	용적률
① 해운대 롯데캐슬스타	828	2020.09	111,000	57,500	885%
② 해운대 비스타동원	504	2019.10	108,000	43,500	1,062%
③ 해운대 센트럴푸르지오	548	2022.07			

• 해운대 롯데캐슬스타 84㎡ B형, 해운대 비스타동원 84㎡ B형 기준

복합이라고는 하나 30~40평대가 많고, 3세대 주상복합이라 관리비를 상당히 절감할 수 있다. 게다가 주상복합의 강점인 편리한 상권과 철저한 보안은 실수요자들에게 엄청난 매력 요소다.

해운대 롯데캐슬스타는 2호선 역세권으로 입주한 지 얼마 안 된 신축이다. 인근에 이마트와 초등학교(해운대초)가 있어 신축 수요뿐 아니라 실거주 수요도 풍부할 것으로 보인다. 앞으로 롯데캐슬스타는 대장 아파트 자리를 비스타동원으로부터 이어받을 것이다.

물론 비스타동원의 인기도 여전하다. 주변에 롯데캐슬스타와 센트럴푸르지오가 입주하면서 중동의 집값을 두 단지가 끌어갈 것으로 보이는데 비스타동원 역시 일정 시차를 두고 따라갈 것이다. 특히 센텀시티 주변 아파트가 구축 아파트가 됨에 따라, 중동의 엘시티에 이어 신축들이 계속 들어서면서 우동에 기울어져 있었던 무게 중심은 다시 평평해질 것으로 보인다.

2022년 7월 입주 예정인 해운대 센트럴푸르지오는 해운대 롯데캐슬스타와 대장 아파트 자리를 두고 치열하게 다툴 것이다. 특히 2호선 초역세권이라는 점이 많은 수요자의 관심을 집중시킨다.

▼

중동의 또 다른 핵심 단지는 해운대 힐스테이트위브다. 입주 6년 차로 비교적 신축인 데다 2,369세대에 이르는 규모는 해운대구의 랜드마크 중 하나로 불릴 만하다. 역에서 거리가 좀 떨어져 있으나, 그 단점을 덮고도 남는 장점이 있다. 우선 초등학교를 품에 안고 있고 단지 안에 국공립 어린이집이 있다. 물론 2,000세대가 넘는 단지 규모상 그리 새삼스럽지 않을 수 있으나 그 외에도 바다를 조망할 수 있는 위치, 해운대 해수욕장과 달맞이언덕과의 접근성, 긴

단지	세대수	입주년월	매매 시세	전세 시세	용적률
① 해운대 힐스테이트위브	2,369	2015. 02	79,000	40,000	232%

• 80.94㎡ 기준

산책로, 충분한 주차대수, 신축치고는 괜찮은 용적률 등 수많은 장점이 있다.
해안가에 가까우면서도 단지 주변에 유해 환경이 없어 아이를 키우기에 적합
한 단지라는 평가도 받고 있다. 비역세권 단지라고는 하나 가진 장점에 비하
면 상당히 저평가된 아파트다.

기회는 다시 온다

요즘 들어 무주택자로부터 많은 질문을 받는다. 원래도 질문이야 항상 있었지만 부쩍 더 많아졌다. 지금이라도 서울 아파트를 사야 하는지 아니면 기다려야 하는지를 다들 묻는다. 문득 생각이 나서 내 블로그 방문자 연령대를 분기별로 뽑아봤더니 34세 이하 방문자 비중이 2020년 1분기 14%에서 3분기 17%로 +3% 늘었다.

34세 이하라고 하면 첫 주택을 살 또는 시도할 가능성이 큰 연령대다. 사회생활을 시작한 지 얼마 되지 않아 모은 돈이 많지 않은 상황에서 더 뒤처지지 않기 위해 지금이라도 서울 아파트를 사야 하는지에 대한 고민이 깊을 수밖에 없다.

나에게도 이 질문은 큰 도전이었다. 2018년 11월, 《서울 아파트 마지막 기회가 온다》를 낼 때까지만 해도 서울 아파트를 자신 있게 사라고 외쳤다. 그로부터 2년이 지난 지금, 서울 아파트는 +10% 가까이 또 상승하고 말았다. KB부동산 서울 아파트 매매 중위가 기준으로 보면 2018년 11월 8억 4,883만 원에서 2020년 9월 9억 2,017만 원이 되었다.

이번 상승장의 시작점이었던 2013년 9월 매매 중위가 4억 6,610만 원과 비교했을 때 거의 두 배나 오른 셈이다. 7년이라는 최장기간 상승이 낳은 결과는 유주택자와 무주택자의 자산 차이를 크게 벌렸다. 무리해서라도 집을 산 사람은 부자가 되었고 고민을 거듭하다 기다린 사람에게는 좌절감을 안겨주었다. 급기야 30대의 패닉 바잉 현상을 초래했다. 그동안 '서울 부동산 불패 신화'를 보고 자란 세대들이 무리하게 집을 산 것이다. 이런 상황에서 무주택자와 유주택자에게 어떤 조언을 해야 할지 매우 난감했다.

우선 정리해보자.

나는 수요(서울·경기 10~11년차 부부) 증가, 공급(서울 아파트 입주 물량) 감소, 유동성 강화(3기 신도시 토지보상금 지급)의 3박자가 맞아떨어지면서 2021년 상승을 전망했고 중장기 정점을 2023~2024년 전후로 예상했다.

2023~2024년 이후에는 수요(서울·경기 10~11년차 부부) 감소, 공급 증가(서울 아파트 입주 물량 증가, GTX-A·신안산선 개통, 주택임대사업자 매물 증가, 3기 신도시 입주)로 인해 중장기 하락장에 접어들 것으로 보았다. 그렇다면 서울의 중장기 하락장 기간 동안 어디에 투자해야 할까? 바로 부산이 유망하다고 보았다. 5년 이상 하락한 적이 없는 서울 부동산의 특성상 다시 시작될 재건축 및 1기 신도시 멸실에 따른 주택 부족을 이유로 2028년 전후를 중장기 저점으로 추정했다.

이런 방식으로 시장이 흘러간다면 우리가 택해야 할 길은 명확하다. 유주택자는 2023~2024년경까지 서울 아파트를 팔고, 부산으로 갈아타는 것을 고민해야 한다. 무주택자는 ① 지금 서울 아파트를 사서 2023~2024년경까지 팔거나 ② 2028년 전후로 추정되는 저점까지 기다리는 것이다. ①번의 경우는 보유 기간이 짧기에 거액의 양도세를 물어야 하는 단점이 있고 ②번의 경우는 장기간 무주택자로 있어야 하기에 높아질 전세가에 대한 대비가 필요하다. 어느 쪽을 선택하든 일장일단이 있다.

물론 내 전망이 빗나가서 독자들에게 피해가 갈 경우를 고려하지 않을 수 없다.

첫째, 서울 부동산이 2023~2024년 중장기 고점을 찍고 하락할 것이라는 내 전망을 믿고 아파트를 팔았다가 내 전망이 틀려(2024년 이후도 상승이 지속) 갈아타기도 어렵게 되는 경우.

둘째, 지금 무리하게 사는 거라면 2028년 전후를 기약하라는 내 조언을 믿고 기다렸다가 내 전망이 틀려(2028년 전후까지도 상승이 지속) 부자가 될 기회를 놓치는 경우.

어느 쪽이든 상상만 해도 내 어깨를 짓누르는 부담감이 크다. 그러나 한 가지 확실한 것은 현재의 서울 부동산은 상승장 후반부에 있으며 지금 사면 분명 '비싸게' 사는 것은 사실이다. 계속해서 오르는 재화는 없으며 이는 서울 부동산도 예외가 아니다. 서울 부동산은 장기 우상향했다. 그러나 자세히 보면 그 안에서도 등락을 거듭했다. 특히 역사상 최장기간 상승장을 달리고 있는 서울 부동산이 상승장 후반부에 있다는 점은 부인하기 어렵다. 재테크에 있어서 '가능성'에 베팅하는 거라면 나는 각종 데이터 분석을 통해 2023~2024년경 서울 부동산이 정점을 찍고 수년간 하락장을 겪은 후 2028년 전후 저점을 형성하고 재반등할 가능성이 크다는 견해를 유지하고자 한다. 그리고 이 반등은 부동산에서 큰 수익을 낼 수 있는 '마지막 시기'가 될 것이다.

무주택자에게는 지금 무리해서 사는 게 아니라면(물론 긴 기다림의 시간이 되겠지만) 평정심을 잃지 말라는, 유주택자에게는 위험을 관리해야 하는 시점에 이르렀다는 이야기를 하고 싶다.

이번에 서울 아파트에 대한 네 번째 책을 쓰면서 서울 외 부동산에 대해서도 구체적으로 처음 다뤄보면서 많은 한계에 부닥치기도 했으나 여기까지 올 수 있었던 데에는 많은 도움이 있었다. 변함없는 믿음을 보내주고 책을 발간하게 해준 위즈덤하우스와 임경은 편집자님, 끊임없는 소통으로 내게 인사이트를 제공해주는 부D 멤버들에게도 감사드리는 마음이다. 그리고 나를 부동산 분석의 길로 이끌어주신 부동산스터디 카페 대표 붇옹산 님, 내 분석에 대한 변함없는 지지로 내 마음을 든든하게 붙들어주시는 우석 님(브라운스톤 님), 데이터의 묘미를 깨닫게 해주신 홍춘욱 대표님께도 고개 숙여 감사 인사를 드리고 싶다.

마지막으로 사랑하는 부모님들, 내 삶의 이유가 되는 아내, 아이들과 탈고의 기쁨을 함께하고 싶다. 이 책이 독자들에게 올바른 길라잡이가 됐으면 하는 마음이 가득하다.

대한민국 부동산 시장은 몇 년에 한 번씩 파도가 친다.

서울과 광역시가 다른 파도를 탄다는 데 기회가 숨어 있다.

남들보다 시장의 신호를 빨리 알아채고 이를 대비하는 것이 중요한 이유다.

앞으로 5년, 집을 사고팔 타이밍은 정해져 있다

초판 1쇄 발행 2020년 12월 28일 초판 7쇄 발행 2021년 12월 14일

지은이 삼토시(강승우)
펴낸이 이승현

편집 2 본부장 박태근
W&G2 팀장 최연진
편집 임경은
디자인 김태수

펴낸곳 ㈜위즈덤하우스 출판등록 2000년 5월 23일 제13-1071호
주소 서울특별시 마포구 양화로 19 합정오피스빌딩 17층
전화 02) 2179-5600 홈페이지 www.wisdomhouse.co.kr

ⓒ 삼토시, 2020

ISBN 979-11-91308-00-6 03320